从断舍离到极简主义

含非 著

中国商业出版社

图书在版编目（CIP）数据

从断舍离到极简主义：从管理空间到驾驭时间的智慧 / 含非著. -- 北京：中国商业出版社, 2019.10
ISBN 978-7-5208-0884-2

Ⅰ. ①从… Ⅱ. ①含… Ⅲ. ①人生哲学－通俗读物 Ⅳ. ①B821-49

中国版本图书馆 CIP 数据核字(2019)第 190506 号

责任编辑：刘万庆

中国商业出版社出版发行
010-63180647　　www.c-cbook.com
（100053　北京广安门内报国寺 1 号）
新华书店经销
三河市长城印刷有限公司印刷

＊

710 毫米×1000 毫米　16 开　15.5 印张　195 千字
2019 年 11 月第 1 版　2019 年 11 月第 1 次印刷
定价：48.00 元

＊＊＊＊

（如有印装质量问题可更换）

感谢让我真实体会到自身具足的家人与友人，你们的陪伴和坚持，终于让我看到我早已拥有了一切。

决断曰智,故断舍离是智,是一种照见自己、明白真相的智;
择简曰慧,故极简主义是慧,是一种实践唯一性原理、了解真谛的慧。
这本书尝试接近智慧。

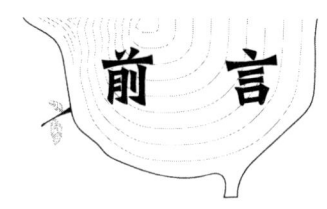

前言

　　食色，性也，人是欲望的动物，嘴上说知足常乐，淡泊看破，骨子里却想着多多益善，吉庆有余还嫌不够，还要富贵满堂；同时偏偏又有断物、断情、断烦恼丝的"冲动"，似乎只有这样，才能不怕"金玉满堂，莫之能守"。有人说这很矛盾，我看也不矛盾。简单来说，人就像一架天平，要不断地在多与少、物质与精神之间取得平衡。比如年轻时，即便精神追求少些，物质追求多些，也没毛病，就像迈克斯·泰格马克在《生命3.0》一书中定义的生命1.0版本，听从了DNA的安排，这样有利于人类繁衍；年老时，人会升级到生命2.0版本，人生的硬件不变却改写了软件，彼时物质追求少些，精神追求多些，有利于文化传承。

　　夜间脚踩大地，仰望难见星星的星空，我曾感慨宇宙的本质特点就是"断舍离"。你看，从奇点的大爆炸一路走来，宇宙断成无数个体，相互拉扯与逃脱，然而想离又离不成，最后保持着距离，彼此旋转。

　　城市的星空虽然被遮蔽，但几百米外的小米科技园却灯火通明，煞是耀眼。庆幸的是，天上还能看到月亮，猛然间脑洞大开：月球难道不是地球的"断舍离"吗？就像科学家们所推断的，不管月球是45亿年前"忒伊亚"和地球相撞而形成的，还是被地球抛出去的、炸出去的，抑或与地球一母同胞，地球和月球做了现实版的断舍离却是真的，而这个断舍离给地球带来了大恩惠：没有月球的地球，不会有南北极，赤道会随便调整，风暴、海啸随时发生，地球会转得飞快，每天只有几个小时，天地都失去了节奏，生命不会诞生，诞生了也难以演化；有了月球的地球，才有了东西南北，才有太阳在南北回归线的规律往返。于是有了基本的生物之钟，每天24小时，每年365天，春夏秋冬，四季变换，万物生长，天地和谐。

断舍离造就了自然之美，亦能造就人生四季。人是天地精华，万物之灵，人类的智者早已参透其中奥妙。于是，老子断了人间烟火行天道，函谷关留下五千言；释迦牟尼菩提树下舍了肉身，要帮众生离苦得乐；孔夫子官也不做了，小日子也不过了，穷游列国，只为万世开太平。

再看当代的财富精英们，富贵之后也大多懂得断舍离：李嘉诚为防止后代懈怠，每年要求李嘉诚基金会强制捐出收入的25%；余彭年更是将93亿家产全部捐出，没给子孙留一分；我们这代人的偶像"发哥"，也裸捐了，成了永远的"大哥大"；巴菲特将捐掉99%的资产，还要跑到世界各地，劝大家一起放下……林林总总，如同梦幻。

有人会说，"他们是有了才能舍，我没有，舍什么？"还有人说，"舍了才能得，不舍怎么得？"先有鸡还是先有蛋其实并不重要，不管你贫与富，得与失都是伴随终生的大课题。

我讲个自己的故事：

由于创业波折，我的生活也经历了几次"被动"的断舍离。其中舍的最大一次，从大房子搬到小房子，搬走的东西只有原先的20%，捐、送、赠、卖了80%，当时是舍不得的，着实体验了一把什么叫"从俭入奢易，从奢入俭难"。如今，已时过境迁多年，当年都舍了些什么，居然通通想不起来了，可见都不是什么有价值的东西。而这些"有之徒增虚荣，舍之帮助他人"的事物不在身边，才真正发挥了它们的价值。更幸运的是，因为这个过程，我才能照见内心的镜子，痛定思痛，反思过往，去除冗余，化繁为简，才能找到人生的方向，也才能有了这本书与诸君共勉。

如果说断舍离是照见自我内心的明镜，极简主义则是照亮我们人生之旅的明灯。

人生不是买买买、得得得，不是衣鲜亮丽、豪宅名车，人生的本质是要获得一种终极的"自由"，不被物质绑架，不被虚荣劫持，不被欲望驱使，而是听从内心的召唤，归顺于更高阶的、值得舍我的任务与使命。

《列子》中有一个纪昌学箭的故事，我改编一下，讲给列位：

战国时期，邯郸城里有个叫纪昌的青年，酷爱射箭，逢人便比，大家都不如他。于是，失败的人总悻悻地说："胜过我们不算本事，要比你就和高手比，去找飞卫吧。"

纪昌便四处寻访飞卫，最终于田间地头找到了其貌不扬的飞卫。纪昌几乎不敢相信，眼前的农夫就是大名鼎鼎的飞卫。飞卫不想收徒，便请纪昌喝茶，纪昌却跑到门口朝飞卫射了一箭。飞卫无奈中只好迅速抓起娃娃玩的玩具弓箭，回射纪昌，两箭箭头相交，落在地上。纪昌大惊，长跪不起，要拜飞卫为师。飞卫原谅了纪昌的鲁莽，说："你还没有准备好，先回家做作业，什么时候练到不眨眼睛了，再来找我。"

纪昌为了练习不眨眼的本事，看中了媳妇的织布机。因为织布机在眼皮底下一上一下很是吓人，再加上丝线千丝万缕，令人眼花缭乱，很适合做作业。纪昌就躺在机下，整整练了一年，练到了刀尖碰眼皮都能够不眨眼的程度。

纪昌再去找飞卫，交了作业。飞卫点点头说："算是入门了，再练把小东西看大吧。"

纪昌回家后，找了个小石子，挂起来盯着看。天长日久，小石子越看越大，看到大如西瓜时，又来找飞卫。飞卫却说："回去抓个虱子，什么时候看成马一样大，再来找我。"

纪昌很听话，回家抓虱子去了，死盯着看了一年，虱子当真看到了马一样大小。出门看马，马居然像山一样大。欣喜之余，再去找飞卫，飞卫还是说："还不行，回家再练习拉硬弓，肩膀两侧各放一水杯，撒弓后水杯里的水不洒时再来找我！"

纪昌又回家练了一年，肩膀练得不动如山，终于迎来了正式开学。这一天，飞卫递过弓箭，在门上粘好跳蚤，百步之外，纪昌一箭贯穿跳蚤的心脏！飞卫又就势递过一百支箭，纪昌百箭连射，前箭入靶，后箭便射入前箭尾部，最终一百支箭射成了一条直线，百箭相连，一直连到弓弦上！

飞卫高兴得跳起来，拍着纪昌说："你成了！"

学成后，纪昌的职业前途一片光明，各种礼仪大典上，纪昌的射箭成了压轴节目；又做了武官，豪宅名车自不在话下；还代表国家队参赛，获奖无数，傲慢之气溢于言表，自认天下无敌。

有好事者问纪昌，你既然无敌，和飞卫比如何？

纪昌失眠了，天下能打败他的只有师父飞卫一人了，嫉妒羡慕恨全涌上心头，于是决定暗害师父。

在一个雾蒙蒙的清晨，纪昌跟踪飞卫来到野外，看四下无人，便射出暗箭，直取飞卫心脏。飞卫何等高手，背后弓弦一响，抽箭、搭弓、回身、瞄准、放箭，五步一气呵成，迅雷不及掩耳之势，金属撞击，两箭坠地，纪昌再射，飞卫再回，连射十一箭，箭箭相撞坠地。

抽出第十二支箭，纪昌笑了，他的箭比师父多一支！

望着只剩一张弓的飞卫，纪昌说："师父，对不起了！"

一支箭带着尖啸，射向飞卫。飞卫并不慌张，也不躲藏，只见他屏气凝神，大喝一声，竟用牙关咬住了箭头！

纪昌呆在原地，一动都不能动，看着飞卫慢慢走过来，恐慌变成了绝望，绝望又变成了悔恨，知道飞卫取他性命，轻而易举。

纪昌低头说："师父我错了！"说完眼泪夺眶而出，抬头想最后看一眼飞卫，却发现飞卫也是满面泪痕。两人扔了弓，抱头痛哭，相拜于途，认作父子。

飞卫说，自己只教了纪昌"术"，没教会纪昌"道"，所以才会有这种恶果。他让纪昌去找自己的师父甘蝇，甘蝇老人在太行之巅。纪昌寻找了一年，荆棘刺穿了脚也没能让他停下来，最终在霍山之顶找到了甘蝇大师。

甘蝇满头白发，面色温和，看到纪昌便说："是飞卫让你来的吧？先射一箭，看看术能。"纪昌弯大柳之弓，几支箭射过去，天上就没了鸟。老人点点头说："还不错，咱们换个地方再试试？"

甘蝇和纪昌来到山顶的峭壁前，一块石板探出悬崖，甘蝇让纪昌站到石板上，山顶风大，纪昌无法站稳，差点儿得了恐高症。老人说："再射射看。"纪昌趴在石板上央求道："大师，这个地方没法射啊！"

老人让纪昌爬回来，自己轻身一跃，跳到石板的边缘。大风吹过，人在晃动，却如同风拂杨柳。纪昌要递过弓箭，老人摆摆手。纪昌诧异："您不是要教我射箭之道吗？"

甘蝇道："你争斗之心过重，无法和于天地，自然站不稳；奇技之术过多，无法参悟本质，自然失了道。今日要教你的是不射之射！"

恰好天上一只燕雀飞过，老人手指天空喝道："下来！"一只鸟便应声坠落，与此同时，一个骄傲的人也跌坐在地上。

一晃九年，中间再无记载，纪昌下山了，先来拜见师父。这时的纪昌，面目温和，拱手而立，飞卫看到后大吃一惊，赞道："你已远在我之上，这才是绝世高手的气度！"

人们热烈欢迎了学道归来的纪昌,急切盼望高手出手表演,没想到的是,纪昌回来后再没射过一箭。

当地有识之士问纪昌:为何不射呢?

纪昌温和地答道:"以前射箭是为了赢,那是因为不知道自己到底想要什么,山上九年我才明白,我想要的不过是内心的安宁,所以至动无动,至言无言,至射无射,这就是不射之射。"

人们钦佩纪昌对道的理解,纪昌也成了城市的骄傲。

纪昌虽然不射箭了,但死后多年,他家屋顶上仍然没有任何飞鸟敢经过。据说从远处看,纪昌的家院永远像一把倒张的弓。

故事改编完了,借用上学时语文老师的口头禅:我们的中心思想是什么呢?

很简单,每个人的心中都有一个纪昌。从术到道,也是我们每个人要走的路。断舍离不是道,断舍离是术,找到你的道,何重何轻,自然分别,舍与断才有意义;找到长久之道,才能走上极简主义的道路,才能去除不创造价值的环节,才能被更大的价值所"束缚",才能在束缚中获得自由。

目 录

第一章 蒙尘的镜子 / 1

  1. 从《好了歌》讲起 / 3

  2. 冲出物质的母体 / 7

  3. 檀香山式商业旋涡 / 13

  4. 做欲望的修剪师 / 17

  5. 杂草、庄稼与雨林 / 20

  6. 自了汉与担板汉 / 23

  7. 菩提树与明镜台 / 26

  8. 破除心中之贼 / 28

  9. 人生的加减法 / 32

  10. 为学日益，为道日损 / 37

第二章 出离者的生活 / 41

  1. 太极、太岁与太太 / 43

  2. 身在丛林，心在山林 / 46

3. 断不了就先隔断，离不了就先隔离 / 49

4. 最应该丢掉的是什么 / 52

5. "离"不是结果，而是一个过程 / 58

6. 把复杂的事情简单化 / 63

7. 人生不是挤公交 / 68

8. 学习之道：从多而浅到少而精 / 72

9. 发现你的地盘 / 76

10. 万物有缘，以"惜"为贵 / 81

第三章 发现极简主义 / 87

1. 最早的极简主义者——老子 / 89

2. 极简主义的两个维度——空间与时间 / 95

3. 你的时间都去哪儿了 / 98

4. 从无印良品看极简主义设计 / 105

5. 从外在的稳定感到内在的稳定感 / 109

6. 极简主义就是释放你的内存 / 114

7. 用区块链理解极简主义 / 120

8. 从镜子思维到灯塔思维 / 124

9. 防止被极简播放洗脑 / 131

10. 伪极简主义的误区 / 139

11. 做时间的朋友还是做时间的敌人 / 143

12. 活法、干法与玩法 / 147

13. 极简主义的成就公式 / 153

14. 寻找人生大数据的目标 / 158

15. 择简为慧：去时容易回来难 / 162

第四章 极简进化 / 165

1. 剥洋葱式的极简主义 / 167

2. 永远警觉手段变成了目的 / 172

3. 审视生活中何为重要 / 176

4. 不要在认知的歧途上哭泣 / 181

5. 找到自己稳健的内在 / 186

6. 来到生命的最后一天 / 190

7. 越有限，越聚焦 / 194

8. 让幸福来敲门 / 197

第五章 极简主义练习 / 211

1. 第一个练习：感知当下 / 214

2. 第二个练习：跳出范式 / 216

3. 第三个练习：沉静内心 / 218

4. 第四个练习：善于发现 / 221

5. 第五个练习：价值优先 / 224

6. 第六个练习：英雄之旅 / 227

后记 做一个愚不可及的自己 / 231

第一章 蒙尘的镜子

第一章　社会的生活

1. 从《好了歌》讲起

但凡上过学的，基本上都知道《好了歌》，它出自四大名著之首的《红楼梦》：

世人都晓神仙好，惟有功名忘不了！

古今将相在何方？荒冢一堆草没了。

世人都晓神仙好，只有金银忘不了！

终朝只恨聚无多，及到多时眼闭了。

世人都晓神仙好，只有娇妻忘不了！

君生日日说恩情，君死又随人去了。

世人都晓神仙好，只有儿孙忘不了！

痴心父母古来多，孝顺儿孙谁见了？

通俗易懂，这是我本人对《好了歌》的最初印象。一度，我年少轻狂，甚至对它有些不屑：跟顺口溜似的，过于直白了，太缺少文化底蕴……如今看来，真正缺少文化底蕴和文学修养的，其实是我自己。

我的一位好友也说过，这首诗歌看似简单，主要是因为我们不是真正的修行人。只有你真正地去修行了，而不是无关痛痒地站在山门外看着小说消磨时光，你才会发现放弃功名、财富和整个璀璨俗世有多么的难。

好就好在，我辈寻常之人，没必要一味地放弃这放弃那。如果你听到"断舍离"与"极简主义"之类的概念，先不要皱眉头。即使一时做不到断舍离，也不必为难自己，因为不能断舍离是天生的，年纪轻轻就什么都看透了、什么都不在乎，那才不正常。

有这样一则小故事：

有个小和尚，出家后耐不住寂寞，没几年就下山还俗去了。还俗没多久，又因为受不了尘世的烦扰，再次上山。上山一段时间后，又因耐不住寂寞，再次还俗去了。如此反复地折腾了几次下来，他不知如何是好。庙里的老僧给他指路说："这样吧，你干脆不必信佛，脱去袈裟；也不必认真做常人，就在山脚下的凉亭旁卖茶如何？"这人听后很开心，就在凉亭旁边支了个茶摊，忙时招呼路人，闲时上山听经，后来还讨了个附近的村姑做老婆，和和美美，传为美谈。

这个故事也好，上面的《好了歌》也罢，以及林林总总的哲学概念、思维，都只是一种指引，具体如何运用，还要看具体情况。故事中的老僧指引得就很好，他看出了小和尚是个半路子的人，半路子的人须做半路子的事。想想看，又有几个人不是半路子的人呢？所以，断舍离与极简主义都只是一种指引，不要把它当成定理与公式硬往自己头上套。"断舍离""极简主义"这样的好理念，一旦生硬了，也就成了枷锁，成了监狱。有些人生性豁达，天生就是个极简主义者，也就不必学了；有的人搞得自己的生活都成了问题，老婆孩子跟着受罪，这种人就别再一味地断舍离了，反倒应该学会如何好好生活。

儒家讲究有教无类，佛教主张普度众生，都是强调具体的事情要具体对待，只有这样，才可以教化更多的世人。我们倡导断舍离，显然受众也是以那些因不能断舍离而严重影响了自己生活质量的人为主。有的人屋子里空空荡荡，还要求人断舍离，是非要把人家的屋子搞成毛坯房吗？还有一些人执着于家人、朋友，让他们断舍离，这种固执的思想难道不同样应该抛弃，或者说至少应该换种思路吗？还有一些人，比如我们的父辈，他们经历过苦难，饱受过物质短缺的摧残，并且与很多老物件产生了感情，我们不仅不应该简单粗暴地要他们断舍离，而是应该反思：自己是不是对很多东西太薄情了？为什么我们刚刚拥有了它们没多久，就不再像不曾拥有它们时那么喜欢它们、那么渴望它们呢？

不能断是执着，硬要断也是执着。不信可以看看汉字的"断"字是如何道破天机的。看"断"字，要看繁体字"斷"，左边是丝线，右边是斧子，一斧子砍下，丝就断了，断了还能续上；去掉右边的斧子，左边加上绞丝旁，就是继续的"繼"字，所谓断断续续。毫无节制的买买买固然不值得效仿，不得要领的扔扔扔也未必值得学习。断舍离不应该是一把屠刀，硬生生地从人的生活、生命中切割些什么。它更应该是一把手术刀，只针对那些痛疖疔疮做些必要的小手术。或者用现在流行的话说，做一个微整形。

断舍离难吗？很多天性比较洒脱的人都认为不难。最先提出"断舍离"概念的日本作家山下英子也认为不难，可以从空间的整理与物品的抛弃中开始，学会一些整理术，像变魔术一样，就把杂乱的空间变得井井有序，应该向她学习如何让空间提供一种"幸福感"。继山下英子之后，又有名为金子由纪子的日本女作家推出了小说《不持有的生活》，这同样是一个需要多维思考的理念。但在一定程度上，很多日本的理念在中国是会水土不服的。因为我们有着根本不同的文化背景，当代中国人买买买、购购购、囤囤囤的外在表现，其实是内心安全感不够的行为映射。这和美国人不太重视储蓄而中国人热衷于储蓄背后的因素是一个道理。人为什么这么执着于安全感，我们将在下一章节详细道来。

最后，让我们回到《好了歌》。古人也好，先贤也罢，其创造文化作品的本质目的无非是在立言的同时，让后世参照，以求活出生命的真正意义，不枉来人间走一遭。我们固然不需要像佛陀那样，抛下妻子、孩子和家人，毅然决然地走上修行之路，不过能不能做到适度的断舍离？比如伴侣，能不能适度地来点距离产生美，能不能在琴瑟和鸣的基础上活出各自的精彩？比如孩子，能不能像《增广贤文》中所说的，做到"儿孙自有儿孙福，莫为儿女做马牛"？比如功名利禄，能不能不那么汲汲以求、挡我者死？当你开始了这样的追问，也就踏上了觉悟人生的道途。

2. 冲出物质的母体

很多事情只要反向思考一下，就会发现优点往往也是缺点，缺点往往也是优点。比如，肥胖的形成原因——甜食。在《人类简史》一书中，作者尤瓦尔·赫拉利给我们打开了许多新的认知大门，比如，他说人类之所以喜欢甜食，是因为数十万年前的智人，也就是现代人的祖先，由于没有掌握火，不能煮熟食，而且食物短缺，能为他们提供能量的高热量的甜食少之又少，唯有熟透了的水果。在这样的前提下，当一位智人在空旷的大草原上搜寻食物，并且有幸地发现了一株已经熟透了的苹果树，这时他的第一选择肯定会是吃，拼命地吃，直到再也吃不下为止。因为如果被其他大型动物发现，他就再也没有机会了。久而久之，这会形成习惯，并且内化为基因，深深刻入我们的DNA当中，这种当年帮助人类快速做出决断以获取能量的优点，现在却变成了无法抗拒甜食，从而导致肥胖的原因。

据此，又有学者进一步指出，人类生下来就有一种想要"丰富"的内驱力。为什么会这样？因为人类希望回到母体，希望回到我们出生的地方，那里丰富、温暖、湿润，不用思考、不用工作，却可以自动给养我们。在那里，我们最有安全感，也最舒适，我们可以称它为伊甸园。

用一句通俗的话说，无论是母体，还是伊甸园，提供的就是一种安全感与舒适感。尽管拿不出确实的证据，但想来在妈妈的肚子里时，我们感觉最安全与最舒适。营养时刻供给，四周满是羊水，不怕饿，不怕冷，还有妈妈全方位的保护。出生的那一刻，或许是突然感受到空气中的寒冷、外界的嘈杂，世界冰冷坚硬，没有安全感，我们才会大声啼哭。然而，我们的人生也正是从此时正式宣告开始。但伴随一生的潜意识中，总有一个愿望，就是回到妈妈的肚子里。

先说安全感。为了营造母体，成人的我们养成了一个习惯：最大化。

买买买，囤囤囤，一方面，或许是因为生存确实不易，我们必须确保自己有余粮，并且就在身边，就在我们的眼皮底下，或者我们伸手就能摸到的地方；另一方面，或许也是因为我们在母体中才有安全感，所以，我们想要用物质营造一个母体，一个极大丰富的母体，来替代那个我们无法回去却又无比向往的母体。

这也解释了上一篇中为何说人们执着于安全感了。

再说舒适感，俗称舒服。舒服没有过错，但如果一个人从心理到生理的追求目标就是舒服，把赚来的钱都要交易成舒服的话，那么不管他外在有多么成功，内在却仍是一个巨大的婴儿。过度的舒服是一种障碍。母体为我们营造一个舒适的环境，终究还是为了让我们快些长大。反过来说，对于已经长大的你，如果还执着于选择舒服，就等于选择了混乱和拒绝成长。

我们的很多坏毛病，都出在"舒服"二字身上。我们觉得玩手机比较舒服，所以就不再看书。我们觉得窝在沙发上看球赛很舒服，于是就不再去健身。我们觉得拖延一下很舒服，遂把该做的事一拖再拖。

有的人的生活空间，按标准已经接近于"猪窝"，外人看到直皱眉头，掩鼻而过。可你不知道他为什么能接受如此的混乱不堪，因为他给自己搭建了一个"子宫",一个人造的舒适区。

沉溺于舒适区的人,会尽可能地保持现状让自己舒服,拒绝打破现状,因为他们害怕失去子宫带来的不安全感。沉溺于舒适区的人,通常会表现出拖延、懒惰、逃避、保守、不主动承担责任的特点,久而久之,舒适区域越变越小,慢慢地,自己也会觉得迷茫、无助和自卑。沉溺于舒适区的人,未必对现状满意,但一定会从现状中去找到满意的借口,既没有强烈改变的欲望,也不会付出太多的努力,所有的行为,无非是为了保持舒适的感觉而已。沉溺于舒适区的人,会感到非常惬意舒服,觉察不到任何真正的压力,没有危机感,甚至会产生自我麻痹感。处于这一区域的人,甚至会感觉自己优越于他人。

追求舒服会让我们不自觉地培养出一个习惯——追求方便。

为什么我们的环境越来越混乱?

为什么东西越来越难找?

为什么要生活在一种物质丰富,但相当混沌与无序中?

为什么每次整理和打扫的动力,是因为有客人来访,或是自己实在看不下去了?

为什么即便要整理与打扫了,都要下很大的决心才能开始?

生活给我们带来这么多的不方便,究其原因,居然就是因为"方便"两字。

因为方便,所以乱放;

因为方便,所以随意;

因为方便,所以下次再说……

为什么要方便?因为要舒服。

但方便的结果就是更不方便。打个比方,你要找到的东西是分子,你的世界是分母,世界越大越混乱,分母就越大,找到的概率就越低。一个100平方米的混乱空间就是自己为自己盖起的超级大迷宫,结果寻找的成本越来越高,最终导致效率极低，越想"方便"反而越不方便了。

为什么会这样？因为方便让我们不断得到一种自然规律的产物——熵增！

什么是熵？何为熵增？

熵就是万物的混乱程度，熵增加了，系统的总能量不变，但其中的可用部分在减少。所以，越方便越混乱，虽然总量不变，但我们可用的越少，就越不方便。

物理学家定义的熵增过程是一个自发的过程，是一个由有序向无序发展的过程。早在1947年，"猫主人"薛定谔就得出结论，人体是一个巨大的化学反应库，生命的代谢过程是建立在生物化学反应的基础上，熵增过程也是人体生命的必然。也就是说，大家都不用对自己不满了，让生活混乱的是我们"顺其自然"的结果，是天生的。

但"猫主人"的伟大之处在于薛定谔又提出："生命的意义就在于具有抵抗自身熵增的能力，即具有熵减的能力。"

在人体的生命活动中，自发的熵增和非自发的熵减同时存在，相互依存。简单说，以日常生活为例，随手乱放与刻意收拾同时存在，相互依存。虽然混乱是自发的，但不得不感叹"猫主人"的高瞻远瞩，原来我们生命的意义就是抵抗这种自发的天性，就是抵抗每一次的方便，也正因为每一次小小的不方便，比如"物归原位"这样的小努力，让身处其中的你不会迷失，让我们的生活从庞大的迷宫逐渐变回到有序的空间。

但"猫主人"最后却道："因为熵增的必然性，生命体不断从有序走回到无序，最终会不可逆地走向老化死亡。"常见的老化现象是人越老就越爱收集，环境就越混乱。

也可以说，对抗混乱，本质上就是对抗衰老与死亡！看来不能让所有的事情都顺其自然，肥胖就是这样。我们的祖先嗜好甜食，是生存所需。由于时代所限，无论他们怎么努力，他们总是处在不同程度的食物匮乏的状态中，而不必担心肥胖这样的现代健康问题。而我们现代人，一来物质极大丰富，二来生活习惯使然，如果再像原始人那样生活，健康肯定会出问题，这是DNA遗传的一种缺陷。

成长并拒绝衰老，无非是突破一个又一个舒适区而已，无非是和天生的问题进行对抗。而断舍离，在一定程度上也不过是少给自己营造些心理舒适区，转而跨入真正有利于我们的成长空间罢了。就像温水里的青蛙，我们必须趁着自己还能跳跃的时候，勇敢一跃。否则，当水被烧热，就再也无法跳出要命的舒适区了。就像小鸡的蛋壳，我们必须啄破它。无论我们多么习惯妈妈甘甜的乳汁，我们都迟早要断奶。无论我们多么习惯母亲的怀抱，我们迟早要背上小书包，上学读书。最初我们看上去真的离不了，但为了未来，为了更好的我们，离不了，也要离！

总的来说，断舍离与我们本性当中渴望极大丰富和舒服的倾向是相反的。或者说，无穷的索取才是我们下意识的本性，而断舍离是有意识的反本性。

有人提出不同的观点，认为人有了足够多就满足了。真的吗？《千字文》中的一句：饱饫烹宰，饥厌糟糠。经典说法是，吃饱了再好的东西也不想吃了，没饭吃的时候有糟糠也容易满足，也就是俗话说的"饿了吃糠甜如蜜，饱了吃蜜也不甜"。但实际情况是，要是吃饱了就不想吃了，那就不存在暴饮暴食，管不住嘴的情况了。君不见吃饱了还要甜点、冰激凌，吃了大鱼大肉还要吃山珍海味，吃爽了还要再找更好吃的。就像"饫"这个字一样，左边是食字旁，是食物，右边是"夭"，是歪着头剔着牙的人，是结束吃喝时的样子，活脱脱一副饭后还能再吃的形象，这样不病才怪！所以，饱饫烹宰的真正意思是吃饱了还要吃更好的，饥厌糟糠指的是即便是饥饿的时候，也不愿意选择糟糠，除非是无可奈何时或没有选择时才勉强为之吧。

所以,"断舍离"的核心是围绕着欲望展开的。所谓人为财死,鸟为食亡,永远不要低估人类的愚蠢程度;但同时,我们也绝不能小看人类的智慧。人类是在不断进化的,我们的生活也要不断进化。生活内容极大丰富是人类本能的追求和冲动,只是我们的生活除了物质,还需要智慧。如果我们在不断获取、不断积攒物质的同时,能够适度提升自己的理性,那我们的生活才会变成真正的伊甸园——随心所欲,洁净精微。

对于断舍离,我们不用一上来就给自己巨大的压力。什么也不买了,定期定量扔东西,甚至辟谷了——连饭都不吃了,过犹不及,要慢慢来。在本书的开头,我们只需在大脑中种下一个意识的种子,这样就已经走上了断舍离和极简主义的道路。或许不必浏览到最后,它们就已经结出了相应的果实。

3. 檀香山式商业旋涡

檀香山是我们中国人非常熟悉的名字，因为革命先驱者孙中山就是在那里展开自己的革命岁月的。檀香山是美国夏威夷州的首府火奴鲁鲁的别名，看到这个中文气息浓重的名字，人们会想当然地联想到，这里肯定出产檀香木。不错，这里确曾是檀香木的主产地之一。不过在今天，整个岛上竟然只剩下了一株，珍贵到了连拍照都不允许的程度。

是什么原因导致出现了这样的结果呢？这还要从世界贸易说起。最初，英国人仗着起步早，又是世界帝国，垄断了与中国的毛皮生意。当时的美国大西部动物众多，印第安人又擅长捕猎，常常用几十张兽皮换英国殖民者的一把枪。但随着美国独立，这笔好生意被美国商人接管了。英国人的处境变得非常尴尬，因为英国上层社会的饮茶习惯已经普及民间，每年的茶叶需求造成了英中两国之间巨大的贸易逆差。本来毛皮生意可以缓解，现在他们只能另辟蹊径。于是，在东南亚大量富余而在中国有巨大需求的檀香木就闯入了他们的眼帘。

在当时的中国，檀香木制成的家具、日用品和工艺品不仅价格昂贵，而且是有钱人的标配。中国人巨大的消费能力很快就把东南亚的檀香木储量抢夺一空，英国统治下的斐济、马克萨斯群岛顺势接上，最后就是夏威夷群岛。英国商人在原来做毛皮生意的时候，就经常在岛上停靠，并且很早就开始把岛上出产的檀香木作为附加品顺带着卖到中国。但是很快，美国人很巧的也继英国人之后盯上了岛上的檀香木，并不打算把任何生意留给英国人。在两国商人的运作下，原先围绕着毛皮生意旋转的太平洋贸易旋风开始转向了檀香木，几乎每一艘途经该岛的商船都会捎带一些檀香木，发往中国广州。经济的巨轮开始转动，在它行驶范围内的所有人都身不由己地被带进到这个贸易网络中。最先遭受冲击的，就是夏威夷本土的传统价值观。

夏威夷人原本信奉泛神主义，天地万物在他们眼中都有灵性，都是神圣不可亵渎的。所以，在西方殖民者到来之前，别说檀香木贸易，别的商品贸易的概念他们也通通没有。可是檀香木能带来巨大利润，金钱的力量彻底粉碎了岛民的传统观念，商品经济和人的贪婪在岛上蔓延，而当时的夏威夷国王卡美哈梅哈一世又助长了这种势头，他把首府迁往檀香山，以方便接受商人带来的税金和馈赠。为了堆放美元和紧俏商品，他专门在三座大岛上分别建立了一座仓库。不仅如此，他还做起了统一南太平洋的梦。事实上，凭借着卖檀香木积累的巨额资金，他也确实购买了一大批先进火器，至少具备了战斗的实力。

王公贵族们有样学样，毫无节制地用岛上的檀香木跟白人贸易者换取各种商品，包括中国的丝绸、欧洲的器皿、美国的船只等，这些商品都被加高数倍价格后卖给这些暴发户。岛上的人们变得有钱了，迅速开始过上了攀比奢靡的生活。

然而，危机也随之而来。檀香木是值钱，但所有值钱的东西都逃不脱"物以稀为贵"的命运，经过爆发式的贸易增长期，事实上也就短短二三十年的时间，岛上的檀香木存量就严重不足了。

国王卡美哈梅哈一世终于意识到了什么，毕竟屁股决定脑袋，他开始下令禁止民众开采檀香木，并且劝人们种植檀香木幼苗。但一切已经晚了。次年，国王驾崩，新王登基后受酋长们蛊惑，废除禁令，终于在随后几年把岛上所有可用的檀香木全部伐光，并造成了成千的人民被饿死。因为在此之前，所有人都参与到了檀香木贸易之中，岛上的土地全都荒废了。当檀香木贸易戛然而止，民众生计无着，只能靠吃草和树苗为生。所以，在今天那座叫作檀香山的城市，人们已经看不到什么檀香木了。

在这里重复这个故事，不是说商业不好，而是说我们当今的这个世界、我们脑中的三观，很大程度上就是刻意塑造出来的。所以，你必须摆正自己身处其中的位置，不然就难免被裹挟。

比如某些高端手机，是不是好东西？绝对是。但是没有奢华的手机是不是就不要活了？用其他牌子的手机或者便宜些的能不能行？这是个很容易理解的常识问题。但曾经就有些年轻人通过卖血、卖肾、卖淫、借高利贷的方式去买一部苹果手机的。我也曾经有过每年换一部手机的经历，理由貌似是为了工作，其实也是为了能在人前标榜，直到好多年之后才感慨"与我何意"，这些都不是自己真正想要的。之后，才终止了这种不自觉的行为，才意识到"被裹挟而不自知"是多么可怕。

凯恩斯认为，需求是一切经济活动的根源。有人喜欢锦鲤，就有人制造锦鲤。无论你什么体质，都说你是锦鲤体质。即便只是个美好的祝福，有谁能抗拒得了？大英帝国时代的英国商人们当年想得很不错，中国有那么多人，哪怕一百个人当中有一个人买一顶英国呢帽，这市场也不可想象。奈何中国人过惯了男耕女织、自给自足的日子，根本不需要洋货，至少不是必需品。反过来，英国人反倒特别喜欢中国的茶叶、丝绸与瓷器，导致白银大量流入中国。英国人急于扳回贸易逆差，什么办法都想过了，最后将邪恶的鸦片引入了中国，人为地制造了一种很难断戒的需要。

传统中国并不重视商业，在过去"商人"是个贬称，"商人重利轻别离"嘛。而现在，"商"的地位无限上升，人们一听"商人"，特别是大商人，立即表现出很膜拜的样子，这是认知的变化。商业不是坏事，更不是原罪。但是环顾四周，我们能看到、想到的一切事物，能商业化的几乎都已经商业化了。这个商业主导的物质生活世界，在不停地、不断地撩拨着人们欲望的神经，到处是诱惑，到处是刺激，也到处是陷阱，让人们欲罢不能。

  作为一个教育工作者，我深深体会到，我们身处一个前所未有的商业旋涡之中，想独善其身，很难，想兼济天下，更难。比如，你一心关注社会弱势群体就业的教育问题，但整个培训领域早已商业化，除了获得几个全国奖项，再也无人问津。又或者，你想一心搞创作，但整个出版领域早已商业化，几乎所有从业人员首先考虑的都是利润，而不是其他。在很大程度上，这既是人的需求，而同时也是一种裹挟，檀香山式的裹挟。在一个挖墓穴都已经用挖掘机，观光转身就能变研学的泛商业化时代，我们究竟应该如何生活？如何在被裹挟的同时保持一些警醒？又该在何种程度上做到断舍离？这些问题我们留待后文一一回答。

4. 做欲望的修剪师

我们再聊聊"舍",断舍离的舍字,是口中的舌头,繁体字"捨"中还有个提手旁,指的是口舌之欲要放下,用手主动去掉的意思。那么,如何放下、去掉呢?

据说——只是据说,我本人并没有亲见——泰国首都曼谷有一处寺院,里面住着一位法师名叫索提那克。由于寺院在郊区,地处偏远,香火非常冷清,因此法师在没事时经常会去寺院周围的山坡上修剪灌木。天长日久,很多灌木都被修剪得整整齐齐。

一天,寺里突然来了一位不速之客。来人衣衫光鲜,气宇不凡,一看就是个大亨。法师亲自接待他,并陪他四处观光。行走间,客人问:"一个人怎样才能清除自己的欲望?"法师不说话,取出自己的剪子,然后把客人带到山坡上说:"你只要经常修剪一棵树,欲望就会消除。"

客人疑惑地看着他,看了一会儿后接过剪子,对着一丛灌木咔嚓咔嚓地剪起来。大约半小时后,法师问他感觉如何。客人笑笑:"感觉身体倒是舒展了许多,可心里的欲望还是没放下。"

"刚开始是这样的。经常修剪,就好了。"法师说。

客人不解，但此后每周他都会准时驱车到寺里来剪灌木。三个月后，法师再次问他，是否已经懂得如何消除欲望？客人面带愧色，长叹一声："唉，可能是我太愚钝，在这儿剪树时，还能够做到气定神闲，心无挂碍。可是一回到我的生活圈子里，所有的欲望依然像往常那么多。"

法师呵呵一笑，指着客人修剪过的灌木说："这些天你有没有发现，无论我们多么勤奋地修剪，原来剪去的部分都会重新长出来。这就像我们的欲望，你别指望完全消除。我们能做的，就是尽力把它修剪得更美观。放任欲望，它就会像这满坡疯长的灌木，丑恶不堪。但经常修剪，它又能成为一道亮丽的风景。对于名利，只要取之有道，用之有道，利己惠人，它就不应该被看作心灵的枷锁。"

索提那克我是不曾亲见，或许世上根本就没有这个人。不过，在我的生活中却有不少类似的高人，三言两语，便能让人感到豁然洞明。

比如，我的一位在底层摸爬滚打多年的朋友，在一次闲聊时，他无意中说起自己曾在养鸭厂工作过，具体说来就是喂鸭子。喂鸭子也就是惯常所说的"填鸭"：强行掰开鸭子的嘴，然后借助填鸭机，强行塞进揉搓成圆条状的饲料，鸭子想叫都没法叫，只有干眨巴眼的份儿。接下来，还要用手紧紧往下捋鸭子的脖子，把那些硬塞进去的饲料再捋进鸭子的胃里。直到实在不能再塞了，才把鸭子关进鸭棚。通常至少是几百只鸭子关在一起，鸭棚里连个活动的地方都没有。这样填上、关上若干天，鸭子非肥不可。

巧得很，这位老兄也喂过鱼，算是产业链与食物链都通。有一次闲聊我问他养鱼最担心的事情是什么。他回答说老板最担心工人一次喂得太多，因为鱼是很贪吃的，即使吃饱了，只要有食物，它们还是会不停地吃下去，直至吃饱撑死。这位朋友所说的情况有几分科学道理。我并没有进一步追问，因为我相信，就算有这种情况也不可能适用于所有的鱼，但身边养小金鱼被撑死的情况确实也不少见。

事实到底如何并不太重要，重要的是我朋友的总结。他说，鸭子明明不想吃却不得不吃，鱼儿明明吃不了那么多却要一个劲儿地吃。这看似是鸭子和鱼儿的悲哀，其实质则源自我们人类自身的悲哀。填鸭是我们的贪婪，而在嘲笑鱼儿之后，面对食物、金钱、名誉、权力、性等诱惑，我们也不比它们聪明多少。

营销界有一个七宗罪需求模型，与人的本性有关。七宗罪的概念来自天主教教义，它揭示了人类原始的本能欲望，分别是傲慢、妒忌、暴怒、懒惰、贪婪、淫欲和贪食。按照这个模型，市面上几乎所有的产品，都与迎合这七种原始欲望有关。当然也有反向的，比如图书、健身器材等，但过了头的话，还是难逃"欲望"二字。举例来说，我曾经开发过一门教人两小时读完一本书的课程，被一些朋友评价为"反人性"。因为他们认为"谁愿意读书呢，教人读书难道不是反人性吗？"叫我无语。当时虽想反驳，但继续反转思考后发现，其实正如宋朝皇帝赵恒所说的"书中自有黄金屋、书中自有颜如玉"，不过也是走向另一种欲望的通道。只要有人的地方就有欲望，谁也消灭不了欲望。关键是看欲望把你引导了何处。

还是那句话，欲望本身并无所谓好坏。用印度哲学家克里希那穆提的话说，对欲望不理解，人就永远不能从桎梏和恐惧中解脱出来。如果你摧毁了你的欲望，可能你也摧毁了你的生活。如果你扭曲它，压制它，你摧毁的可能是非凡之美。人间所有的快乐，无非是一颗心的快乐；人间所有的苦恼，也无非是一颗心的苦恼。真正的断舍离，也必须超越物质，进入当事人的内心。《卧虎藏龙》中的李慕白说得好，"把手握紧，里面什么也没有，而将手松开，你拥有的是一切"。腾出一些旧的、不必要的事物，新的、必要的事物才能住进来。你需要做的，只不过是当所欲过多的时候，找到一把剪子，做自己欲望的修剪师罢了。那到哪里能找到这把剪子呢？从断舍离到极简主义中就能找到。

5. 杂草、庄稼与雨林

从断舍离到极简主义，就是从杂草到庄稼，再到雨林的过程。

去年，伴随着比特币的爆涨，骗子一波波地涌来，很多人亏在了炒币上。其中就包括我的一位小亲戚，我觉得他至今也没清楚地理解什么是区块链，但他一上来就透支了信用卡十几万元投入其中，后来又借遍了自己能借到的小贷公司，以最快的速度掉进了自己人生的黑洞。所有的亲朋好友都想把他拉出来，但好多人费尽口舌也毫无用处。最后，我抱着死马当活马医的态度，给他讲了个小故事。还别说，真的起到了些许说服效果，至少，他现在已经在重新找工作了。

小故事其实很多，当用到点儿上时才会有用。小故事是这么讲的：

有一位哲学家带领弟子们周游列国，数年光阴过去，学生们都学有所成，而哲学家也渐渐老去。在生命的最后时刻，哲学家给弟子们出了最后一道题：如何除掉旷野上的杂草？有人说用镰刀去割就行，有人说放火烧才管用，还有人说撒石灰比较有效。哲学家让他们分别按照各自的方式去试试，并相约一年后再来寻求最佳答案。一年后，当大家来到他们的"试验田"时，只见杂草依旧，特别是烧过的那片，"春风吹又生"，显得生机勃勃。唯一有所变化的是，有人在旁边开荒开出了一片田地，里面长满了盎然生长的庄稼，杂草不能说完全没有，但相对来说非常少了。看到这里，有弟子忽然开悟：要除掉旷野上的杂草，最好的办法就是种上庄稼；同理，要让灵魂没有纷扰，最好的办法就是用美德去占据它。

以我那小亲戚为例，如果你只是一味地让他远离炒币圈，并直接告诉他那是骗人的，他绝不会听你的，甚至会认为你是在挡他的财路，而他好不容易才赶上这么一个机会。所以，你必须给他指明一个更好的方向。用现实无法替代渴望，只有渴望才能替代渴望。当一种贪欲的渴望被另一种理性的渴望替代，你不必刻意压制，也不必刻意引导，他自己就能跟上节奏。这种渴望就是欲望背后的自我实现。

有一个故事说：某人问一个放羊娃为何放羊？"当然是为了挣钱。"挣钱后呢？"娶媳妇啊！"娶完媳妇之后呢？"生娃呀！"生完娃呢？"教娃放羊！"每个人心里都有一个放羊娃，你问他为什么干这件事，十之八九说是为了挣钱。但是然后呢？

炒比特币不是目的，工作也不是目的，断舍离也不是目的，目的是成为你自己。但自己又是谁呢？

断舍离不等于扔扔扔，也不等同于整理屋子。可能没有谁比酒店的服务员更会整理屋子了，但你不能说她们都了解断舍离，都能够断舍离。断舍离很像种庄稼，农民除草要除得干干净净才好，但庄稼很脆弱，既要除草浇灌，又要预防自然灾害。这里就要讲讲庄稼的升级版本——"雨林"了。

雨林战略是由美国硅谷提出的。想到硅谷时，我本人首先想到的是一个笑话。话说20世纪末，我回到山东老家，乡亲问我在哪里工作，我说在中关村。大家马上会问："中关村？比咱们村如何？"当时的中关村，在中国已声名显赫，是公认的"中国的硅谷"。恰如笑话中的村庄不能与中关村相比，经过几次与硅谷的交流之后,我发现如今的中关村依然不能与硅谷相比,因为中关村更像个农田,而硅谷更像个"雨林"。而所谓"雨林战略",其实也就是硅谷精神之一。

雨林是相对于农业而言的,它讲究原生态、非人工。在雨林里,有什么东西会长出来、会出现,完全不可预测,总会有新的物种冒出来;而在农田里,只有一种东西被允许长出来,那就是庄稼,地里的野草长出来也得拔掉。为提高产量,农民还会采用最好的肥料、农药与耕种方法。举例来说,苹果手机相当于产自硅谷的雨林里,在它问世之前,没有谁会知道,没有谁会想到,就连苹果的设计师也全然不知道最后的成品会是什么样的;而富士康就好比农田,它的生产线精准可控,能让苹果手机生长得很好。

简单来说,他们要人为地控制农田,在一定程度上也确实可以控制。但雨林不可控制,也不可复制。人们说的植树造林,其结果仅仅多种植一些树,创造不了森林。因为森林里不只有树,还有杂草、灌木、菌类,还有动物、昆虫与一些我们不了解的生命体存在。

极简主义是雨林。雨林是一个具有独特品质的环境,雨林不是制造出来的,是一种自然的生长。所谓雨林战略,就是少一些控制与制造,多一些自然的成长。简单来说,从自然的杂草,到可控的庄稼,再到自然的雨林,是一个从无意识,到有意识,再回归到无意识的过程。从断舍离到极简主义也是如此。不控制的话会荒草丛生,控制太多则会破坏生态。

总结起来说就是,我们要把握这样一个整体原则:断舍离不是目的,断舍离是用良田替代杂草;极简主义也不是目的,极简主义是让良田升级为雨林。道法自然。

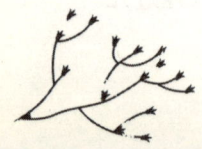

6. 自了汉与担板汉

断舍离不是要把人变成自了汉或担板汉,而是有情的入世之学。

何谓自了汉?何谓担板汉?

二者其实是一回事。

南怀瑾先生在《金刚经说什么》一书中讲得明明白白:

佛教的出家弟子们,离开妻儿、父母、家庭,这种出家众叫作大比丘众。佛教经典中的出家众,被归类到小乘的范围。他们离开俗世间的一切,专心于自己的修行,也就是放弃一切而成就自己的道,叫作小乘罗汉的境界。这在中文叫作自了汉,只管自己了了,其他一概不管。禅宗则称之为担板汉,挑一个板子走路,只看到这一面,看不到另一面。也就是说,把空的、清净的一面,抓得牢牢的,至于烦恼、痛苦的一面,他拿块板子把它隔开,反正他自己不看。

这是基本的概念,再往深里说,这牵涉到两个我们经常说起的名词——罗汉与菩萨。今人都知道,所谓佛,就是觉悟的人;所谓人,就是未醒的佛。关于罗汉我们依然借用南怀瑾先生的说法,即"一个人如果觉悟了,悟道了,对一切功名富贵看不上,而万事不管,脚底下抹油溜了,这种人叫作罗汉"。尽管这个定义看上去有些贬义,但事实上依然是很难达到的境界。前面的《好了歌》一文中已有阐释,这里就不展开说明了。

那么,什么叫"菩萨"呢?它是梵文的音译,其全称为菩提萨埵。菩提的意思也是"觉悟",萨埵则是"有情"的意思。简单来说,菩萨的境界与罗汉不同,他觉悟了,解脱了人间一切的痛苦,并不以此为满足,而是看到世人还有那么多痛苦,于是回到世间,广度众生。这种牺牲自我、利益众生的行为,就是所谓"有情",是大乘之道。

我们在这里讲这些,肯定不是劝大家都去出家,不然天下寺院该人满为患了。而且出家不能解决所有的问题,如上所述,只顾自己,不管别人,就算觉悟,也是低层次的觉悟。我们只是强调,包括断舍离在内,无论做什么事,都要尽量把握"有情"二字。

譬如我们前面说过的,有些人舍不得某些老物件,那是因为其中有他的感情寄托,你一定要人断,这就是无情了,就是自了汉或担板汉。因为你所有行为的初衷都是为了让他听你的劝告,而不是真正地站在他的角度上想,他为什么不能断、该不该让他断等问题。所以,断舍离是有情的入世之学,不是无情的出世之学。每天都扔一件东西,不叫有情;把东西送给或捐给有需要的人,不叫无情;能帮到人却贪图回报,不叫有情;没有能力帮人,却心怀挂念,哪怕只是拥抱下对方,不叫无情;关起门来修罗汉的,不叫有情;求追意义,摒弃繁杂的,不叫无情。

不妨再来讲讲出世与入世的辩证关系。

一般来说,小乘佛法讲求出世,它要求修行者去除一切杂念,舍弃身外之物,达到物我两忘的境界。因为这样更有助于脱离凡世间的困扰与诱惑,从而在寂静清幽之所静心修行,使其精神层面达到高超境界。有些朋友可能有过类似的感触,比如到了某个清幽的寺庙游览,受当时的氛围影响,当时觉得心也静了,事也想开了,烦恼也没有了;回到家里,环境变了,心又乱了,所有的一切又都变回原样了。所以，那些罗汉不敢入世，一切不敢碰，眼不见心不烦，只管自己，也只能管自己。

而大乘佛法则讲求入世，这从菩萨的塑像上就能看出来。南怀瑾先生讲道，"佛教里表现实相叫示现，为表达那个形象，大菩萨们的示现都是在家的装扮。譬如大慈大悲观世音、大智文殊菩萨、大行普贤菩萨，以及其他一些菩萨，都是用在家的装束示现，除了大愿地藏王菩萨。出家人是绝对不许穿华丽衣服的，绝对不准化妆的，可是你看菩萨们，个个都是化妆的啊！又戴耳环，又挂项链，又戴戒指，叮叮当当，一身都挂满了，又擦口红，又抹粉的，这是菩萨的塑像。这个道理是什么呢？就是说他是入世的，外形虽是入世的，心却是出世的，所以菩萨境界谓之大乘"。

我们知道，中国文化无非是儒释道，千百年来，出世与入世这两种精神影响了无数中国人，从他们的身上我们看到，入世未必不对，出世也未必不好，重要的是你是什么身份，你想要什么样的生活。以入世的精神做事，以出世的精神做人，这是无数古人的做法，也适合于我们现代人。有中国最后一位儒家之称的梁漱溟先生说："在我十几岁时，极接近于实利主义，后转入于佛家，最后方归于儒家。厌离之情殊为深刻，由是转过来才能尽力于生活；否则便会落于逐求，落于假的尽力。故非心里极干净，无纤毫贪求之念，不能尽力生活。而真的尽力生活，又每在经过厌离之后。"太阳底下无新鲜事。所谓出世与入世，也无非是恰时的断舍离。

7. 菩提树与明镜台

中国禅宗有个非常有名的故事：

初唐时期，禅宗盛行，岭南有个樵夫听到有人在旅馆念《金刚经》，便对佛学产生了兴趣，于是不远千里前往湖北黄梅，求五祖弘忍收为弟子。这个人就是后来的六祖惠能。弘忍留下了惠能，让他在寺中舂米，磨砺他的习气。

时间过得飞快，惠能一边做苦功，一边捎带着学习，但谁也没把他当回事。后来，五祖年纪大了，想传承衣钵，就吩咐弟子们每人写个偈子，表达一下自己的心得。五祖的大弟子神秀，学问好，功夫也深，很快就写了一个偈子在墙上：

身是菩提树，心如明镜台。

时时勤拂拭，勿使惹尘埃。

这首禅诗的境界很高，因此全庙的和尚都连声叫好。后来传到舂米的惠能那里，他说："我也想作一首，可惜我不识字。"刚好旁边有位小沙弥，便求着他帮忙自己把偈子写在了墙上：

菩提本无树，明镜亦非台。

本来无一物，何处惹尘埃。

弘忍见了，心知惠能的境界更高，便在当晚偷偷地把衣钵传给了惠能。后

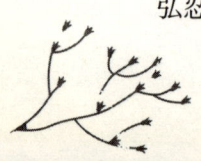

来吴承恩写《西游记》时，直接改编了这个故事，也就是菩提祖师传授孙悟空绝技的桥段。

那么，什么叫菩提树，什么又叫明镜台？为什么很多古代经典频频引用这两个概念？这与断舍离又有什么关系呢？

先说菩提树，它原名毕钵罗树，又称智慧树，因为佛祖当初就是在毕钵罗树下参透佛法的，故名。恰如菩提树是毕钵罗树的代名词，菩提树不过是菩提的代指。而明镜台，即灵台，也就是我们的心。神秀的偈子，是说修行之所以很难，是因为我们的心随时随地都在产生各种思想、情绪、感觉、意识，包括郁闷、痛苦、烦恼、自卑、傲慢等，而应对它们的办法只有一个不是办法的办法，那就是像擦拭镜子似的，只要上面有了灰尘，就立即拂拭干净，使心境永远澄澈清明。

这不难理解，比如日式的《断舍离》，围绕着收拾屋子做文章。擦拭镜子也好，收拾屋子也罢，以及整理心情，本质上是一样的。惠能则直接超越了这一点，并且直接道出了断舍离的实质，也就是"空"。本来什么东西都没有，又哪里来的尘埃呢？

关于佛学，我们到此为止，免得贻笑方家。但我们不妨试问：作为普通人，是神秀的思路更适用，还是惠能的思路更适用？肯定是前者。《楞严经》亦说，理可顿悟，事须渐修。顿悟和渐修，分别对应上面两首禅诗的思路。在现实生活中，渐修依然是普通人需要依赖的一个抓手。

比如屋子脏乱差，镜子落了灰尘，我们一眼就能看出来，看到了就应该及时收拾、擦拭，你不能说这一切都是空无的，任由它脏、乱、差下去。我们的内心也是这样，人之初，性本善，呱呱坠地的婴儿，每一个都是纯真的。但随着人不断长大，不断接触、接收各种信息、知识，不断经历各种事情，我们的心难免蒙上灰尘，不再澄澈。如果不能经常擦一擦这蒙尘的镜子，时间久了灰尘就遮蔽了我们的初心，引我们走上迷途。

8. 破除心中之贼

伴随着王阳明的大热，其名言"破山中之贼易，破心中之贼难"也被很多人所熟知，隐隐有家喻户晓之势头。山中之贼自不难理解，难的是"心中之贼"究竟何指？先来看一段历史：

明朝正德十三年初，王阳明被派往江西赣南剿匪。在一个月内，他率领当地民兵将朝廷几十万正规军几年都无法打败的山贼消灭得精光，创造了中国历史上的军事奇迹。用兵如神自不必说了，最重要的是，在王阳明看来，要破除山中之贼，首先要破除心中之贼，也就是唤醒这些人内心的良知，不然今天你剿灭了一伙山贼，明天还会有别的山贼冒出来，剿不胜剿。当然，这本身也是一种攻心之计。所以，在即将胜利之时，王阳明先生写下告示，结果剩下的盗贼在王阳明先生的感召之下全部投降，官军以最小的代价换取了最大的胜利。后来，王阳明又连续被派往多地，征讨了很多叛乱，所到之处无往而不胜。他事后在给朋友的信中说道："区区剪除鼠窃，何足为异。若诸贤扫荡心腹之寇，以收廓清之功，此诚大丈夫不世之伟绩。"换句话说，王阳明认为，扫灭山中贼寇不足道，而扫灭心中贼寇才是做人的挑战。

对古人来说，破除心中之贼，定是要针对心中的恶念。这个恶念，不仅指所有邪恶的念头，也指存在的负面思考。请注意，富有攻击性的人未必有恶念，而表面善良的人未必不是心怀恶念。现代科学表明，那些积极且乐于助人的人，其预期寿命会显著延长，在男性中尤其如此。相反，长期心怀恶念的人，死亡率比正常人高出1.5~2倍。心怀恶念的人，患心脏病的概率远远高于正常人，血压也容易升高，同时易失眠、烦躁。有的研究结果还表明，人类的恶念能引起生理上的化学物质发生变化，在血液中产生一种毒素。种族差异、收入高低、体育锻炼及生活作风都不能影响这个具有普遍性的结论。再说具体点，善行有助于缓解日常生活中常有的焦虑，促进心理健康，还有益于人体的免疫系统。很多参加过公益活动的人，都有一种自己才是最大受益者的感触。哪怕给予别人一个会心的微笑，传递一个友好幽默的表情，都会引起血液中免疫球蛋白浓度的增加。这个结论其实一点也不意外。中医典籍早就指出，正气存内，邪不可干。也许，孟子的名言"吾善养吾浩然之气"，其实也是养生吧！

《了凡四训》《朱子读书法》以及季羡林老先生的文章中都提到过一个相关法门，具体说来是宋代理学家赵㮣克制心中之贼的办法：找两个瓶子，准备两盘豆子，一盘黑、一盘白，静坐房中，脑中随想。每起一个善念，就投白豆一枚在一个瓶子里面。每起一个恶念，就投一枚黑豆在另一个瓶子里。最初是黑多白少，过了一个阶段后黑白相等，然后不复有黑，最后连白豆也越来越少。为什么？因为静坐的主要目的就是静心，你心中有太多善念，也安定不下来。断舍离也是如此，如果你每天脑袋里就是断舍离，那你首先要舍弃的恰恰是"断舍离"这个概念本身。

再往前追溯，这个法门其实出自佛法。据季羡林先生研究，在《大藏经》《贤愚经》等佛教典籍中也有类似的方法，不过不是用豆子，而是用黑白石子。另有研究者表明，这种办法其实在印度典籍中也有记载，但究竟是谁最先发明的，实在难以查知。

此外，历史上应用此法者也不只赵㮣一人，明代的徐溥也曾应用过此法。在徐溥那里，白豆换成了黄豆，有善念、说善话、行善事，就在黄豆瓶中投黄豆；有恶念、说粗话、行恶事，就在黑豆瓶中投黑豆。日积月累，黄豆最后比黑豆多了。后来，他哪怕官至华盖殿大学士，仍然坚持此法，修身养性。身边的士大夫们不乏效仿者，并把这种方法称为"入德之方"。

相比之下，古阿拉伯哲学家穆格发的办法就简单得多了，也就是对善恶做到心中有数，并将自己的不足之处记在本子上，常常对照反省，努力改正。每日、每周、每月改正一个、两个或多个毛病。每当改正一个毛病，便将其从本子上抹去。抹去本子上的缺陷时，人自然会为之高兴。如果本子上还有缺陷，那就应该感到忧虑。他把这种方法叫作"智者的内省"。

所谓见贤思齐，我们在从断舍离到极简主义的过程中也可以应用此法。比如冒出一个想买东西的念头时投一枚硬币，克制住一个不好的念头时另投一枚硬币。豆子、石子、硬币，再或者记在本子上打钩、划掉等，都是方法。方法是死的，要灵活运用。

当然，我们不能停留在这一基础之上，要真正地运用此法修身正己，这才是贤智者所取。

用现在的话来说，所谓破除心中之贼，无外乎破除贪婪与恐惧。而且，两者往往是一体的。用老百姓的话说，就是又想吃肉又怕烫舌头。这是人性的最大弱点，也是断舍离的天敌。想克服它们，远非一朝一夕之功，必须从长计议，渐次缓行。

当今时代，我们拥有的比以往任何时代都更多，但同时我们也比任何时代都显得更加脆弱。在顺境中容易贪婪、狂妄、目空一切，在逆境中又悲观、抱怨、信仰瞬间崩塌。其实不是我们抗风险能力今不如昔，而是心中之贼多了。小小的一点事情，就会为之抓狂，其实没必要。屋子乱了，整理一下就好，心情糟了,整理一下就好。生活是一座战场,也是一座堡垒,有时候,战胜外面的敌人很容易;但战胜自己内心的敌人却不易。正如老子所说的,"胜人者有力,自胜者强"。虽然王阳明说"破心中贼难",但没有说不可能。当一个人能够战胜自己内心的敌人时,外部的敌人反而越来越少,甚至无敌可寻。

9. 人生的加减法

"唐宋八大家"之一的柳宗元,曾经写过一篇《蝜蝂传》,讲的是有一种叫作蝜蝂的小虫子,善于背东西,也喜欢背东西。它在爬行中只要遇到东西就抓取过来,背着它们赶路。背负的东西越来越重,它们还不懂休息,非常疲乏也不停止。它的背很粗糙,因而物体能堆积在上面而不致散落下来,结果最终被压倒,再也爬不动。有时人们可怜它,替它除去背上的物体。可是只要它还能爬行,就会像原先一样,见物抓物,见物负物。它们还喜欢往高处爬,用尽力气也不停止,直至跌落在地,活活摔死。

有人认为这种小虫子是柳宗元杜撰出来的。不过,就算是杜撰出来的,专利也不在柳宗元那儿,这种小动物出自《尔雅》,柳宗元想必是读过。不过历史上也可能真的存在过蝜蝂,而推测其灭亡的原因,想必就是因为自己把自己累得绝了种。用现在的话说,谁让它们不懂得做减法呢?

近两年,我们失去了一位知名的易学家,南怀瑾。借用吴稼祥先生的话,即使不承认南怀瑾先生是最好的易学家,也必须承认他是最通俗的易学家。比如在谈到易数时,他的话极浅显又很深刻:"宇宙的一切道理,都是一加一减,非常简单;好像天平一样,一高一低,这头高了,另一头一定低了。所以,只有加减，包括了乘除，也包括了一切数理；这还不算什么，人的智慧发达到最高亦就最简化，只用这十个数字（从一到十），便把宇宙的法则归纳进去了，只要一加一减就算出来，就了解。所以说《易经》的数理哲学，不是基础，也不是开始，而是最高明的归纳到如此简化的。"《易经》难不难？当然难，天干地支、五行生克、八卦九宫、阴阳动化，就算有名师教导，也要下足苦功。可南先生说"非常简单"，就是"一加一减"，却也没有说错。他说明了一个浅显而深刻的道理：最难者最易，最易者最难，难易相通。

　　宇宙的道理，其实先哲就讲过，"天之道，损有余而补不足"。我们这本书，虽然以"断舍离"为关键词，但我反对不加选择地吸收，听完一番神侃，觉得断舍离是人生境界，做减法很好，于是忙不迭地就开始在自己的生活里去做减法。孰不知，断舍离不能简单地归结为多就是不好，少就是好。

　　古人是最懂得做加法，同时也懂得做减法的。《了凡四训》的主人公袁了凡，按照他的自述，他的人生其实是矛盾的，他的矛盾源自他父亲的矛盾。他的父亲也是位大儒，一方面把学问的最高目的归结为道德，并且严厉批判那些为了追求富贵而学习的世俗观念，同时又要求自己的后代刻苦学习以达到功名富贵的举业之学。或许是受不了这种矛盾吧，在父亲早逝后，袁了凡听从母亲的话，弃学从医。后来又听了一个卦师的话，转攻举业。有人说袁了凡是因为卦师算得太准所以选择了改行。实际上，正是在这种多与少的矛盾中，人才能顿悟。

　　就连真正意义上的修行人也是这样。那些庙里的高僧，并不是吃饱混天黑，把木鱼敲烂，把蒲团坐穿，他们也要不断地做加法。比如学习佛法，实践佛法，到最后才像很多会读书的人一样，把经书读薄，总结出一些简易深刻的格言或诗偈。这也是一种"为学日益，为道日损"的本质体现。那到底什么是为学为道的本意，下一篇再详细叙之。

　　道理是抽象的，而生活是具体的。恰如网友们所说的，我们听了那么多道理，却依然过不好这一生。其实，不是道理没用，而是缺少修行。"修行"其实是个敏感词。很多人看到它，会自然联想到一些迷信活动，其实这是把简单的事情复杂化。我们用极简主义的话说，所谓修行，不过是修正自己的思想与行为。有道是"人生处处皆道场"，生活是一场修行，工作是一种修行，学习是一种修行，而养生更是。明代医学家汪绮石在其著作中写道："节嗜欲以养精，节烦恼以养神，节愤怒以养肝，节辛勤以养力，节思虑以养心，节悲哀以养肺。"中国人的修行用现代词汇讲就是"习惯"。相关研究亦表明：一种行为，连续重复21天以上就会形成习惯，连续重复90天会形成稳定的习惯。持续的状态形成习惯，又反过来影响一个人。也就是说，习惯一旦产生，就会影响人的潜意识，进而在不知不觉中改变行为。习惯不是最好的仆人，就是最坏的主人。当你拥有很多恶习的时候，事实上很难超脱，因为你在"修恶"。反过来说，当你拥有了一个又一个的好习惯，超脱也是早晚的事儿，因为你在修真人呢！

说简单点，修行就是做好人生的加减法。说通俗点，修行就是好的不要贪太多，坏的尽量全去除。再说得直白点，修行就是养成好习惯，争取坚持21天。

古人善于做加法，也善于做减法，而现代人只善于做加法，把自己和别人都搞得很累。现在西方人大谈特谈断舍离与极简主义，我们却逐渐遗忘了古人那种朴素的生活方式和思维。断舍离是个修炼的过程。如何修炼？高手也许直接从斩断自己的物质欲望开始，对于我这样的普通人，从调整自己的生活习惯开始最方便，可以从生活中最小的事情——管理垃圾开始，我称为"垃圾修炼法"。

对断舍离有焦虑的朋友，看到这个方法会很高兴，因为每个人都讨厌垃圾，如果减少垃圾能够实现断舍离，又何尝不是一个好的开始。

北京东三环的某小区里有一个姓余的女孩，她和男友做了一次尝试：看两个人三个月能产生多少垃圾？答案是两个玻璃罐！女孩原来是一个疯狂的消费者，2016年在网上看到一个美国家庭一年的垃圾，只装满了一个罐子，这对她触动很大，很受启发。然后就去尝试践行这种生活方式，并深入生活的各个方面：家具是二手的，鞋子也是二手的；卫生间的洗漱用品，都是自己亲手做的；女士用的卫生巾都找到了替代品，可以反复使用12年；自己做黑金土堆肥，并把多出的黑金土分享给邻居们。自从堆肥开始，她和男友就再也不浪费食物了，每天出门都自带便当盒，不叫任何外卖；一个布袋子就是她的包包，里面放着自己每天用的筷子、吸管、水杯，拒绝一次性物品的使用；买菜用自己的袋子，坚决不用塑料袋……开始人们还觉得很奇怪，慢慢才认识到，这不是一个奇怪的人，而是不想产生垃圾的人。后来她开了一家零浪费无包装商店，在开店的时候产生了一些垃圾，但几个月后也只有一罐。发快递的包装都是废旧的盒子，使用的胶带是玉米溶水性胶带，可自然降解，也不用任何塑料泡沫……

由于人们每天都要倒垃圾，总是大袋小袋一大堆，以至于垃圾成山成岳。遇上购物狂欢节，比如"双11"之后，到处都是快递的纸箱子。所以，减少垃圾是很多人都希望实践的事情。

据我观察，生活中的垃圾主要来自五个方面：

第一是生活的消耗品，比如面膜、湿纸巾、女士用的卫生巾等；

第二是食物，包括剩饭、剩菜、剩茶叶、鸡蛋皮、果皮、骨头等；

第三是重复出现的物品，如一次性筷子、一次性饭盒、一次性水杯等；

第四是购物的包装，包括袋子、箱子、盒子、瓶子等；

第五是遗弃物，包括衣服、书包、玩具、书刊、用坏的物品等。

对此，目标上不要搞大跃进，先定个小目标，每天减少一点点。

以自己为例，对于生活消耗品，使用大包装的洗发水比使用小包装的产生的垃圾会更少。

食物垃圾可以堆肥,把蔬菜果皮等厨余垃圾,放到冰箱里冷藏,一周之后取出来,放到堆肥桶里可以做成花肥。多出来的送给孩子的学校,让小同学们去养花,也是个不错的选择。

喝剩下的茶叶积攒起来,放到枕头里也有一种清新的香味儿。对于重复使用的物品尽可能不要再使用一次性的,自带筷子、勺子、叉子,学习环保人士,自带水杯。

想减少购物的包装也非常简单,大家轻松就可以猜到——就是少买东西,或是买包装很简约的产品。另外就是,可以修的物品就不要再买新的。

不得不遗弃的物品,垃圾分类后投放,而有的像旧衣服,可以裁剪一下变成抹布,书包可以变成容器。曾经有一次我用废弃的书刊给自己做了一个脚凳,这样写东西的时候就可以把它踩在脚下,那种废物利用的感觉让人很愉快。

所以,让我们的断舍离大业先从减少垃圾这个小修行开始,先定一个小目标——每天减少一点点!

10. 为学日益，为道日损

佛经中有一个"负筏而行"的典故：

有一次，佛祖在讲到断爱时，给弟子们打比方说："比如有一个人，他在旅行时遇到了大洪水，他所处的河岸边充满了危机，但彼岸非常安全。他想渡河，附近却无船无桥，他便采集草木枝叶，扎了一个简单的木筏，顺利登上了彼岸。上岸后，他想：这个筏子真是太有用了，这么丢了太可惜了，我不如背着它上路，以后再渡河就不用着急了。"

接着，佛祖说："这个人的行为非常愚蠢，因为他不能断爱。"

"那么，他应该如何处置呢？"有弟子问。

佛祖说："正确的做法是，把筏子拖到沙滩上，或者停泊在一个水流平静和缓的地方，然后继续行程。因为筏子是用来渡河的，不是用来背负的。世人呀！你们应该明白，好的东西尚应舍弃，何况是不好的东西呢？"

所谓断爱，就是割舍。佛经上说，"断爱近涅槃"。"涅槃"就是修成正果，对于普通人来说就是有所转机，有所成就。相反，不懂得割舍，像那个扛着筏子前进的人一样，只能是因爱负累，因爱生害。

傅佩荣先生曾经讲过一句话，叫"拥有就是被拥有"，又举例说：比如我拥有一部车子，就等于我被这辆车子所拥有。因为我必须时常担心："我的车有没有被拖走？停车费还没交怎么办？"许多人都喜欢问：我拥有什么？实际上，一个人拥有的越多，就越不是他自己。因为人拥有的越多，就越没有时间做自己。很多大人物都被形容为日理万机，很多总经理被形容为总是经常被修理，绝非虚言。

我们以为自己是工具的主人，其实我们是工具的奴隶。我们拥有的东西越多，注意力就越分散，思考势必减少，生命内涵就更少，以致最终被拥有物所拥有，成为拥有物的奴隶。我有一个朋友，他很辛苦地工作赚钱，以前租房子，后来终于自己买了一栋房子。他拥有了这栋房子，同时也被这栋房子所拥有。后来他拼命赚钱，买了五栋房子，从此以后就更累了，因为他一个月有一半时间都在烦恼房子的问题：租给别人怕收不到租金，收到租金又担心别人以后不肯搬走，景气不好的时候还忧虑房子跌价，然后每年还要缴一堆税金。几年辛苦下来，生活品质反倒下降了。

当然，这绝不意味着那些一无所有的人就更开心，而是提醒我们无须拥有那些无须拥有的东西，我们所拥有的应当是我们所能掌控或者说对我们有意义的。古人与现代人生活条件可谓天壤之别，有些古代皇帝都享受不到的物质，现代的普通百姓都能享受到。但大部分现代人仍然活得如古人所说的"不如意事常八九"，这里面除了我们不可避免的天灾人祸外，其余大多数的不如意其实都是我们自找的。我们要么是为拥有的太少而难受，要么是因为拥有的太多而变成了物的附庸。

前些年有句戏言：人生就是一个杯具。如果把人生比作一个杯子，那么拥有还真的就是个杯具。道理很简单：当一只玻璃杯装满牛奶时，人们会说"这是牛奶"；当杯子里改装矿泉水的时候，人们会说"这是水"；当里面装满食用油的时候，人们会说"这是油"……只有当杯子空着时，人们才会说"这是一只杯子"。同样的道理，无论一个人拥有什么，他都会被该物所"占据"。他越是热衷的东西，越是会成为他的枷锁。

所以，老子在《道德经》中说，"为学日益，为道日损"。事实上，我们屡次提到的断舍离的发明者山下英子，在2014年接受中国媒体访问时曾坦承，其"断舍离"的理念就来自《道德经》中的"为学日益，为道日损，损之又损，以至于无为。无为而无不为，取天下常以无事；及其有事，不足以取天下"。这其中，"无为而无不为"即是"断舍离"的哲学本源。说白了，不是为断舍离而断舍离，断舍离只是起点，极简主义才是通衢。

"为学日益，为道日损"，有人把它称作经中之经，也就是《道德经》的总核心。现代人都很好学，为学日益，天天向上！但这个益不是多多益善，脱离了道的益是很危险的。梁启超曾经写过一段话："诸君啊！你千万别以为得些断片的智识，就算是有学问呀。我老实不客气告诉你罢，你如果做成一个人，智识自然是越多越好；你如果做不成一个人，智识却是越多越坏。你不信吗？试想全国人所唾骂的卖国贼某人某人，是有智识的呀，还是没智识的呢？试想想全国人所痛恨的官僚政客——专门助军阀作恶鱼肉良民的人，是有智识的呀，还是没有智识的呢？诸君须知道啊，这些人当十几年前在学校的时代，意气横历，天真烂漫，何尝不和诸君一样？为什么就会堕落到这样的田地呀？

屈原说的："但昔日之芳草兮，今真为此萧艾也！岂其有他故兮，莫好修之害也。"天下最伤心的事，莫过于看着一群好好的青年，一步一步地往坏路上走。诸君猛醒！现在你所爱所恨的人，就是你前车之鉴了。"

试问：世人一步步往坏路上走，是为了什么？就是没有在学的过程中，提炼总结出事物的规律，世界的唯一性原理。所以，无论是物质还是思维，脱离了规律的多多益善，特别是在知识的加持下，就会出问题，出个人的问题以及出整个社会的问题。而我们倡导断舍离，肯定不是"一切皆空"的方式，那种方式非大智慧、大毅力、大决断者所不能，我们这里所说的"断舍离"，本意是去除心中的杂草、心中的贼，逐渐找到那个越来越清晰、越来越少而精的规律。

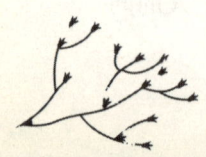

第二章 出离者的生活

1. 太极、太岁与太太

什么是太极？

有人说就是太极拳，其实不然。太极拳最早叫陈家拳，是一种武术；而太极是中国传统文化中的重要概念，是一种文化。

简单来说，太极就是焦点，这个焦点带动一个轴心。形象点说，它有点儿像自行车的飞轮，带动链条，再带动一切因素运转。从这一点上来说，"太极拳"这名字起得也不差，因为这门拳法有一个焦点，那就是打拳者的肚脐下的丹田；有一个轴心，那就是打拳者的脊柱。拳手的一切动作，都以丹田为中心，以脊柱为轴。太极拳的动作也很简单，就那么几个套路，打熟了之后却千变万化，盖因其把握住了焦点和轴心，从而能够做到万变不离其宗，其招却有千般变化。

其实写作，尤其是东方人写作的过程，通常能体现出太极思维。比如，你首先要考虑的是写什么，取个什么样的书名之类的基本问题，这个基本问题就是太极。不确定这个焦点，这个关键词，下一步工作就没法展开。就以这本书来看，它的名字叫《从断舍离到极简主义》，名字定下来，方向也就出来了，无非是围绕着两方面去写，一是断舍离，二是极简主义，说到底二者又是一方面，有很多共通之处，是彼此的手足，所以不存在焦点涣散的问题。找到了这个大太极，我们再来找小太极，也就是每一章的章标题，这个章标题决定了每一章都写什么。不论我们写什么，我们只要记住，它是为上面的大太极服务的，必须围绕着书名转，那么就不会跑题。章下面又有小节，小节也是小太极，小太极下面是具体的每一篇文章，每一篇文章也分为大太极、小太极。严格来说，世界上并不存在所谓的随笔，因为随笔也必须有所聚焦，有其太极。

什么又叫太岁呢？我们中国人都听过一句俗话，叫"太岁头上动土"，言下之意太岁头上不能动土，吃了熊心豹子胆也尽量不要。为什么？因为在中国神话体系中，太岁就是太岁神的简称，它是道教值年神灵之一，一年一换，当年轮值的太岁神叫值年太岁。在这一年中，太岁神在所有神中的影响力最大，素有"年中天子"之称，掌管人间一年中的吉凶祸福。简单来说，就是要分清谁大谁小的问题。

断舍离不也是这样吗？根本大事肯定不能断、不能舍、不能离的，要断、要舍、要离的肯定是影响这些根本大事的小事、琐事。极简主义，难道能对那些根本大事简单处理？难道能对那些必需的流程简化为之？从这一点来说，机械的极简主义和断舍离都不是太极，太极还是我们的工作生活，或者说，我们的生命。我们生命的意义和我们的价值观，是太极，也是太岁，不能随意"动土"。如前所述，如果不小心落上了灰尘，还要"时时勤拂拭"。

最后，我们聊聊太太，还没有太太或者把太太气跑了的人，以及所有身为太太的人，都要听听曾仕强先生的解读。曾先生在《易经的奥秘》一书中写道：

"你看'太'这个字，它有两个（部分），一个叫做大，这一点儿就叫小。太是两个字合成的，就是大极了，小极了，都叫太极。其大无外，大到没有外面，够大了吧。其小无内，小到没有里面，够小了吧。那你这样很难说，所以就把这一点代表小，大跟小合在一起就叫太。

顺着这个思路我们说太，这样各位才知道我们家里头有一个太太，就是大起来比谁都大，小的时候比谁都小。要不然为什么叫太太？所以做太太的人懂得说，该我大的时候，我就大；该我小的时候，我就小，你就是好太太。现在不是（这样），不该你大，你最大；该你小，你又不小。这就是乱套了嘛，就叫乱了。你看历史上凡是有太（字）的，都是这样。你说太监大不大？不知道。皇帝相信他，他比谁都大；皇帝不相信他，他比谁都小。太上皇大不大？很难讲。皇帝不尊重他，太上皇就是报废的；皇帝尊重他，太上皇不得了。所以，以后不要给人家叫太老师。太老师就是说，如果没有人理你，你也不算啦，就叫太老师。好好去体会，任何东西一到太就是过分，就叫过分，过分都是很麻烦的。所以，大学之道应该叫作太学之道，不应该叫大学之道。"

看来太太是个大小明理，大小通吃的职业。太太观里含着变化，比如太极也未必始终是焦点，它也有被压制的时候；太岁也未必就一定不能动土，比如当有恶人叫嚣着"还有谁"的时候；平时温柔贤惠的太太也未必不能霸气外露，比如《大宅门》里的二奶奶该出手时就出手。所有的事情，都要掌握一个度的问题，都要根据具体的情况来判断、筹谋、施为。断舍离也好，极简主义也罢，都没有个定规，都无法给出普世标准，都需要我们在现实生活中，根据自己所处的具体环境的需要去灵活掌握。

2. 身在丛林，心在山林

典籍中说，唐代大诗人白居易有一次去拜访著名的高僧恒寂禅师。正值伏天，天气酷热，恒寂禅师却安然地坐在房内读经。白居易就问："禅师，屋里这么热，为何不找个凉快的地方读经？"恒寂淡淡地说："三界如火宅，娑婆如热炉，我觉得这里就很凉快。"白居易深为恒寂禅师的禅功触动，于是作了一首诗："人人避暑走如狂，独有禅师不出房。非是禅房无热到，为人心静自然凉。"后来，"心静自然凉"成了传诵千古的名句。这是禅修者的境界，也是普通人应有的生活态度。

另据《长阿含经》所言，当初佛祖释迦牟尼在世时，有个带发修行的人看到佛陀和弟子们每天都自在解脱，很是羡慕，便舍离家庭，加入僧团。但没几天，他找到佛陀，说："佛陀，我在人群中无法安心静修，您能否让我有一个比较好点的修行环境呢？"

佛陀点头应允，说："那你自己去找一个适合静修的地方吧！"于是，他离开僧团，远涉深山，终于找到了一个幽静的所在。然而，由于附近连个人影都看不到，他又不免心生畏惧，每次打坐时，耳朵里满是鬼魅一般的声音，脑袋里都是鬼魅的幻影晃来晃去。

他不由得打起了退堂鼓，决定停止修行，刚想到这里，佛陀便出现在他面前，问："你一个人在这么安静的地方，怕不怕？"他心里怕得要命，嘴上却很强硬，说："不，我不怕！"看他言不由衷，佛陀就说："好，我们坐下来谈谈。"俩人刚刚坐定，有只大象从远处走来，就在离他们不远的一棵大树下，很安详地躺下并睡了起来。佛陀问："你看到那只大象了吗？""看到了。"佛陀开导他说："这只象有眷属五百只，日夜围绕身边，非常吵闹，所以它想暂时在此好好地休息一下。象是畜生类，都懂得舍闹取静，可惜有很多人却不懂得爱惜静谧的环境。闹，往往是心在闹。修行一定要坚定心志，心安于静。"

僧人听了，惭愧地说："我明白了。在僧团里，可以互勉精进，弘扬佛法，而我却不知惜福、惜缘，离开了僧团。现在一个人在静中，心情又很纷乱，真是惭愧！我愿意再随您回到僧团，与众比丘一同接受教法，相互勉励，精进修行。"

闹，只是心里闹；乱，也只是心里乱。经常听到一些人说，想找一个清静的去处，让自己静一静。但是，我们迟早要回来，而成堆的文件，烦人的应酬依然故我，任何问题都不是到西藏看看天，到云南透透气就能解决的。我们想要的清静的去处只能向内求，向自己的心中求。如果我们的心不能真正地静下来，即使遁迹深山老林，也会被心头的纷乱烦恼所追逐。先处理好心情，才能处理好事情。所谓心远地自偏，做到安然恬淡，无论身处何时何地，都是天堂。

心情就是一个选择，比如房间确实被老公和孩子折腾得不像样子，你可以如往常般选择一个伤人不利己的行动——发火，也可以像当初佛陀在祇树给孤独园时那样，拿起扫帚把它打扫干净。祇树给孤独园很大，是佛陀一个人打扫的吗？不是。是他拿起扫帚后，十大弟子马上意识到应该向老师学习，然后，其余僧众也有样学样,众人一起打扫,很快就清洁一新了。当园主与信众来时,看到佛祖在亲自打扫,竟然不好意思再去踩踏园里的土地了。这说明什么?说明我们不能为了出离而出离,出离可以是一种心境,也可以是一种选择,也可以是启示大家一起行动。修行,不过是"修正自己的行为"罢了。

3. 断不了就先隔断，离不了就先隔离

断舍离说起来容易，做起来难。入门者需要降低点难度，采用断不了就先隔断，离不了就先隔离的策略。策略的核心就是一个"隔"字。

如何理解"隔"呢？对此美国人戴尔·卡耐基有很好的解释，他的代表作《人性的弱点》一书中提到了一个概念即"隔水仓理念"。书中引述一位名叫奥斯勒的教授的话说："几个月前，我曾乘坐一艘巨轮横渡大西洋，看见船长站在指挥室里，按下一个按钮，轮船立即发出一阵机械运转的声音，船的几个部分立刻彼此隔绝开来——分成了几个完全封闭防水的隔水舱。其实，每个人的身体组织都要比那艘轮船精美得多，我们要走的航程也遥远得多。我要劝诫各位的是，你们也要学会怎样控制一切，生活在一个只允许美好存在的密封舱里，这才是确保航行安全的最好方法。只要你到指挥室去，就会发现那些大的隔离舱都可以使用，按下按钮，注意倾听你生活的每一个层面，用铁门把过去隔断，也把未来隔断，然后再把当下隔断；把重担隔断，把瓶颈也隔断，然后再把障碍也隔断……总之，把所有不美好的东西隔断，紧紧地关在门外，然后好好地休息，休息好了再来面对它们。"

所谓"隔"，说白了就是眼不见心不烦，这是一句大俗话，也是至理名言

的白话版。老子在《道德经》中所说"不见可欲,使民心不乱"。什么是民心?民心就是人心。如何使人心不乱,使自己的心不乱呢?老子的办法是不见可欲,也就是把能让人产生过分的欲望和追逐心的东西隐蔽起来。事实上,道家就是这么修炼,并要求弟子也这样严格自律的。我们看洪金宝的电影《鬼打鬼》,洪金宝扮演的张大胆最后成为了茅山弟子,其师父专门提到这样一条门规,即"不留隔夜钱"。为什么不留隔夜钱?一是不需要,凡人才需要;二是留了隔夜钱,你会在没事儿的时候数钱。钱这玩意天生讨人喜欢,你喜欢上了它,不就又成了凡人了?

佛家则是另一种理论。佛家要求人超越现实环境,即"色即是空,空即是色",直接告诉你,你所见到的所有的可欲之物,都是虚幻,都是空。美女其实是髑髅,金银背后是刀剑,美味最终化屎溺……所有的东西,一切的一切,如梦幻泡影,如露亦如电,应作如是观。

不妨再来解剖一下我们的身体。为什么你在逛街的时候,或者独自在咖啡馆里的时候比较舒服?因为你谁也不认识,不必对任何人做出反应。为什么应酬累人?因为一个饭局中的所有人你都要做出反应。所谓一人向隅,举座不欢,冷落了谁都不行,但把大家都照顾好的结果,就是你自己受累。所以,面对类似的情况,通常有两种办法可循,一是向道家学习,空间上不见可欲,谢绝应酬场合;二是用佛家思路,心理上不见可欲。我知道它们是可欲之物,同时我也知道它们是空,既然它们是空,我又为什么非要扔掉它们呢?看空就好。

道家的隔,是先包起来,放在看不见的地方,过一段时间后,再看有没有实际用过,如果没用过,就断舍离了;佛家的隔,是利用大脑的机制,放大主导意识占有它,就没有空间留给那些琐事,就能够不为周边环境所扰。就像有些科学家、作家的房间很乱,他们满脑子都在想着自己的书、文章、句子,根本不在乎别的东西。奇特的是,他们能够在需要的时候准确地找到所用的东西。没有最好,只有最适合。哪个"隔"适合当事人,要由当事人来决定。虽然隔断、隔离并不是真正的断舍离,但却是个好的开始,为未来的惊喜留下了余地。

4. 最应该丢掉的是什么

如果把需要断舍离的东西排个顺序，那么，排在第一位的应该是什么呢？不难发现，每个人最想扔掉的，其实不是冗余的物品，而是糟糕的心情。每个人都有过受负面情绪困扰的经历，会因某些事情引发愤怒、恐惧与焦虑，这些都会严重影响我们的亲密关系，破坏合作，阻碍形成共识。这些愤怒、恐惧、焦虑和嫉妒、羡慕、恨出现的原因，都和某一个心理立场有关，这个心理立场叫"意向立场"。

意向立场的核心关键词就是"我是对的，你是错的"。

有意向立场的人最关心的是"谁是责任者，即谁要为眼前的事情负责，谁为我的情绪负责"。

意向立场的核心价值观是"你应该做到，而你没有做到，这就是你的错"。

意向立场的目的是控制。

例如，有一天，我的孩子从幼儿园回家，我到门口迎接，孩子进门后没叫"爸爸"，问上两三句都没有反应，我就有些生气。我生气什么呢？因为核心关键词出现了，即"爸爸是对的，孩子不叫爸爸是错的，孩子要为爸爸的生气负责"；爸爸的核心价值观是"一个孩子应该尊重大人，进门要打招呼，孩子没有做到，这是孩子的错"。事实是孩子爬了一天的山，早已经累坏了。不知不觉中，当事人掉入了意向立场的旋涡。

再讲一个例子。很多年前，一个妈妈带着自己的孩子散步。突然，一辆车失控直接向她们冲了过来，大人下意识地躲开了，孩子却呆立在原地，幸好被路人一把拉开，才免于受伤。很多年后孩子长大了，每当想起这件事，总是难以原谅母亲。为什么难以原谅呢？因为核心关键词出现了，即"我是无辜的，我是对的，你是错的，你要为我的惊吓负责"，其核心价值观是"父母就应该保护孩子，而不能自己先跑，你没有做到，这是你的错"。事实是母亲从前经历过车祸现场，恐惧让她身不由己。不知不觉中，当事人掉入了意向立场的旋涡。

还有，总有人问"为什么我总怀才不遇呢？"提问的人并不是要得到所谓的答案，而是想表达这个世界是不公平的，"你看我名校毕业，才高八斗，而为什么那些不如我的人，都混得比我好呢？老天不公啊"。这时核心关键词又出现了，即"我是对的，你是错的，你要为我的怀才不遇负责"，其核心价值观就是"这个世界应该对我好，老天没有做到，这是老天的错"。事实是不如他的人拿着底薪，一点一点地从基础工作做起，最终打造了自己的生存环境。不知不觉中，当事人掉入了意向立场的旋涡。

我们已经看出，三个当事人都活在自己的正确中，理由十分的恰当，也会有很多的应和者，但有什么用呢？对得不能再对了，只是郁闷的是自己，给了自己一个最好的不高兴的理由而已。难道这对于解决问题会有一点帮助吗？

意向立场的特点就是人性的特点，功劳总是自己的，错误总是别人的。当我们做成一件事的时候，意向立场会判定为"我们是对的"，这样表面上是加强了自信心，带来了成就感，但不会帮助我们总结出成功的真正原因，而是把成功简单地化为一种自我肯定。所以，成则喜，败则悲。

当我们的意识中只有一个意向立场时，喜怒皆形于色，情绪难以控制，久而久之带给我们的是什么呢？就是愤怒、焦虑、恐惧、嫉妒、羡慕和恨，满满的负面情绪。

如果期望走出意向立场，就要有意识地分辨意向立场是否已经出现。如何分辨呢？我们可以向自己说一句咒语："是否你已经对得离谱了？"然后，我们一瞬间就会摆脱意向立场的束缚，来到更高阶的立场——"设计立场"。

设计立场的核心关键词是"我是错的，你是对的"，设计立场关心的不是"谁为眼前负责"，而是"怎么做"。其核心价值观是"如果再来一次，怎么做会更好"，设计立场的目的是不断改进。可以说，人一旦有了敬畏之心，并开始思考自己的不足时，他就迅速地从"意向立场"提升到了"设计立场"。

我有一位友人，常年和自己的家人关系紧张。有一天，他终于开始反思是不是自己错了，是不是他认为的家人的种种"应该"，并不是真的那么"应该"呢？于是，他冒出一个想法，要用对待客户的心态来对待家人。放下是非对错，善待身边的人，经过一段时间的"低头走路，莫问前程"后，他发现身边的亲密关系慢慢变得和谐，他开始用新的思路重新设计了自己的人生。

还有我认识的一位企业家，创业多次，也失败多次，每次失败之后，他都要做一番总结，只不过失败的原因，好像都是别人的错。比如，第一次失败是因为找错了合作伙伴，对方总不能和他同心同德，最后不欢而散；第二次失败是因为大环境不好，再加上国家政策发生了改变，导致其失败；第三次失败是因为有不靠谱的合作商，关键时候离他而去；第四次失败是因为核心成员跳槽去了竞争对手家；第五次失败是因为过于相信"自己人"，培养家族成员成为公司的总经理，总经理却携款潜逃了……最后，他总结出一句至理名言："成也萧何，败也萧何；不怕没好事，就怕没好人！"总而言之，所有这些事情里面就是没有他自己的问题。

在一次对话中，朋友们提醒他，"为什么你没有想过是自己错了呢？"这位仁兄被触动了，默默离开后，在众人眼前消失了一段时间。再见面时，他说，"我想明白了，错在我自己。我细读了达里奥的书籍《原则》，明白这位顶级投资家是如何成功的了。他把每一次失败都记录下来，没有埋怨任何人，而是认真总结其中的事实关键，找到解决的办法，并形成原则指导未来的业务。他的书成为商业书籍里的经典，而直至今日，这些原则每年还在更新中"。这次见面之后，他不出意外地运势反转，企业开始扭亏为盈了。

意向立场与设计立场都属于主观立场，比之更高阶的是客观立场，我们称为"物理立场"。物理立场的核心关键词是"我承认这个世界，也接受这个世界"，其最关心的既不是"谁负责，谁错了"，也不是"怎么做"，而是"真相是什么"。其核心价值观是"底层中立，万物相连，互相依存，平等独立"，也就是顺其自然，不刻意控制。

很多人都不喜欢小孩子哭闹，我有个绝招能让孩子安静下来。其实办法很简单，我们都知道刚生下来的小宝宝，由于在夜间不停地哭，让很多年轻的父母崩溃，这种烦恼与焦虑会导致互相指责，要求对方让孩子尽快安静下来。这时，谁要是把孩子招惹哭了，谁就是罪人，谁就应该负责任了，从而导致"孩子一哭，全家大战"的现象。这是一场群体意向立场的战争。那我又是如何做到的呢？首先我们回到底层中立状态，我们不能剥夺孩子哭的权利，然后放下自己，完全接受哭闹的状态，这确实是个挑战，因为我也经历过这样的挑战，我的女儿生下来的时候特别爱哭，嗓门之大，三道门都拦不住。但我们尝试来到物理立场的时候，就离真相不远了。她为什么哭呢？一共有两类原因，第一类是饿了、大小便了或者不舒服了；第二类是这个小小的生命有与世界沟通的需求，作为一个高需求宝宝，她的哭声经常是为了让你关注她，并满足她。如何分辨呢？就要静下心来，放下烦恼，和她合而为一，就会通过她的哭声，分辨出这两类原因的区别。了解了事实，我就开始尝试设计。每次确定她因为第二类原因哭的时候，我都朝她微笑，故意稍稍延迟满足她的需求。而一旦她不哭的时候，我会主动逗她开心，并给她更及时的满足。很快，小家伙发现哭的用处不大，还不如哼哼唧唧来得管用。因此，孩子过了满月之后，哭的次数就越来越少了，小家伙也发明了一个万用词——"嗯"，就是用这个发音代替了哭声。因为她知道每次跟爸爸"嗯嗯"的时候，爸爸就会逗她开心，一起玩耍，满足她的小小的要求。朋友们都夸"你家的孩子太乖啦"，其实每个孩子都很乖的。我们从物理立场出发，当我们发现真相的时候，再来到设计立场，我们就有一种天然的找到解决办法的能力，即便你缺乏育婴知识，也能发现其中的关键。

有一段时间，我发现自己很反感读书，因为读书给我带来的愉快体验越来越少。一是看得很缓慢，一本书要花掉十多个小时；二是经常要反复看几遍才能看明白，很有挫折感；三是因购买了太多的书籍，待办清单越来越长，导致读书变成了一件有压力的事情。为了不把这个错误归咎于自己，我有意无意地会经常说"现在的书，真没什么好看的"。直到有一天，我才警醒到自己是不是停留在意向立场了？马上回到物理立场，看看到底发生了什么吧。于是发现，读书的体验感不好是因为待办任务太多造成的。那么，降低待办任务的压力就会改善读书的体验；更进一步研究发现，读书效率是与放松度有直接关联的，为重新找回放松阅读的感觉，我开始设计：准备一盏喜欢的灯，一杯咖啡，一首轻松的背景音乐，让自己放松下来；解决了放松度之后，我又发现阅读和专注度也高度关联，沉浸在小说中的读者，不会觉得书厚，反而觉得书薄——一个故事这么快就读完了，而期待着更多的内容；如何提升自己的专注度又成了新的设计内容，注意读书的节奏，打开自己的感官通道都可以让我沉浸其中。当解决了放松度与专注度之后，我读书的体验大大改善了，阅读速度也提高到两个小时可以精读一本书。之后我总结了这种读书的方法，并取名为"功夫读书法"。

可见，高阶立场可以影响低阶立场。从物理立场到设计立场，再到意向立场，有利于我们面对现实的世界；而低阶立场无法自动升级到高阶立场。因为低阶立场的特点就是控制，高阶立场的特点则是接受，恰如俗语常说的，"你认了你就改了，你改变了，世界就改变了"。

如何训练自己时时处于高阶立场呢？我们可以找一张卡片，卡片上最好有很多颜色的圆圈，如蓝色的代表物理立场，绿色的代表设计立场，红色的代表意向立场。每当我们思考、对话、互动的时候，我们可以停下来，给自己刚才的表现做一个判定，是在这三种立场的哪个立场上，我们就把那个立场的颜色圈住。一天下来，我们数一数有几个蓝色，有几个绿色，有几个红色。当我们了解了自己的习惯立场，我们就可以做一点点改变，让蓝色增多，让绿色充实，让红色减少。时时常拂拭，不去惹尘埃。久而久之，就能放下执念，回归自然。

5. "离"不是结果，而是一个过程

终于到解释"离"字的时候了。离是一种鸟，学名黄鹂，背腹羽毛颜色不同，泾渭分明，这就是"离"的意思。你再看太极图，一黑一白，就是"离"的状态。所以，离不是结果，而是一种泾渭分明，一种强烈的比较差异，总体看更像是个过程。曾经相爱的人离开了，那个人就真消失了吗？不可能，他或她还会持续影响你。所以，离不是结果，而是过程。

人生最痛苦的事情，莫过于生离和死别。但生离和死别差异很大。

死别是结果，更是人间规律，也是国人最忌讳的事。不到一定境界，不足以论。

至于生离，有人就算没体验过，至少也听说过这样的劝人语——我们还是暂时分开一段时间为好——肯定有人把它当借口。但我们知道，当一方说出这句话时，肯定意味着二人的感情进入了很辛苦的状态，勉强支撑，总有火山爆发的那一天。也确实有这样一些人，在短暂分开之后，再经历一番痛苦的心路历程之后，发现双方确实离不开彼此，只是需要学会怎么更好地善待彼此，从而破镜重圆，修成正果。所以，离只是个过程。

分离不是结果。恋人如此，朋友如此，有时候，工作、事业也如此。很多

学校都有毕业20周年庆、30周年庆，最多有60周年庆。当年各奔东西的同学，见面时都激动万分，眼含热泪，谁能想到当初的分离是为了今日的相见呢！

既然分离只是一个过程，就不要过分纠结于分离的恐惧。当两个人继续相处下去，发现只有害处没有益处的时候，他们就应该暂时分开，彼此冷静一下；当一个物品、一件事、一份工作甚至是一份事业有必要暂时放弃的时候，那就应该果断地放弃。很多人之所以不愿意断，不能够舍，不肯离，是因为他们过于执迷于事物本身，恐惧失去，看不到"离"不是结果，而是一个过程。

当然，这么说并不代表所有断掉的、舍弃的、离开的都会回来。但不到人生帷幕落下，谁也别说结果如何。英国也有一个谚语——不到太阳落下，谁也别说今天是个晴天。

中国人对"离"这种过程，有一个精彩的诠释，就是舍得。"舍得"二字真是人见人爱，一般还要在后面加个注解：不舍不得！搞得很高大上的样子，但细琢磨，原来就是一场交易。因为"舍"的目的，就是"得"。好像人可以理性地为得"得"，才主动"舍"似的。但实际情况是，被逼走投无路才"舍"，完全没想到后面会有"得"，得到之后放一个马后炮"人生真是不舍不得啊"。

更多的人是不知道痛，绝不会放手的。曾经听过这样一个小故事：

有一个痛苦的年轻人去找一位长者倾诉心事。年轻人说："我放不下一些事……"长者说："这世界上没什么东西放不下。"年轻人说："我也想放下，可就是做不到。""让我来帮帮你。"长者说完后拿来一个杯子，让年轻人端着，然后他提起一壶热水，往杯中倒下去，一直倒到满水杯溢，直接流到了年轻人的手上。年轻人被烫得手一抖，"当啷"一声，茶杯掉在了地上。长者说："看到了吧，没什么事是放不下的——痛了，你自然就会放下。"

人生在世，很多事情不是我们心甘情愿做出的选择，总是痛多了才明白"长痛不如短痛"的道理。

有些东西和你泾渭分明，原本就不属于你，晚离不如早离。三国时期的孙策就是这样一位俊杰。爱好三国历史的人都知道，孙策人称"小霸王"，有堪与项羽媲美的武力，颜值也非常高，智慧与实际工作能力也很强，所以二十出头就声名远播。那么，他有什么资本呢？孙坚死时，没留下什么巨大的财产、军队与地盘，只有一块有价无市的玉玺，以及几个隶属别人的旧部。玉玺是什么？本质上它就是一块石头。如果你有实力，没有玉玺也能登基，不登基你也是庄家，曹操就是如此，后来刘备称帝时也没有玉玺。可偏偏有人认不清这个现实，这个人就是当时孙策的老板袁术。此人倒是财大气粗，靠着祖上的余荫，一时也称得上兵强马壮地盘广。与此同时，孙策明白，自己想生存发展，只有一条路，那就是趁着乱世，领着兵马去打天下。没有兵马，直接用玉玺跟袁术"借"就是了。当时孙策说的是借，事实上他明白，玉玺这种东西，抵押出去容易，但赎回是很难的。不过没关系，有了兵马，就有一切。而一无所有却只有玉玺，只能是"匹夫无罪，怀璧其罪"，不是你的你也守不住。事实证明，孙策这买家找对了，路子也走对了，从此三国有了江东的戏。如果他能够多活几集，三国的整个历史恐怕也要改写。

　　所以，明朝的大文学家冯梦龙在谈到这件事时说，真正的智慧并非有一套固定不变的原则可依循，而是对应着不同的现实难局，有恰如其分的不同对策。因为有这种格局，懂得离只是过程而不是结果，所以，当初孙策用象征天下权力的玉玺换取甲兵时，并没有多痛苦，顶多是在心里念一句："暂别了，我的玉玺！"一句话，忽略过程，就容易断舍离了。

　　人们总是说，人最大的敌人是自己，战胜别人易，战胜自己难。上面例子中的孙策也有放不下的，他放下了玉玺，却放不下"胜人"，最后因此丧命。史书上说，孙策有颗勇敢的心，"轻而无备""虽有百万之众，无异于独行中原"。结果，在一次围猎中，他的宝马因为比其他人的坐骑动力足，结果一马当先甩开了众人，独自冲进了一片林子，结果，早有三个刺客在那里面等待着他。这没关系，只要他想跑，其坐骑照样能发挥动力足的优势，一般人很难追得上。一般人遇刺，也都是选择逃跑。孙策却恰恰相反，他反而主动进攻刺客，并且和对方玩最危险的对射游戏。结果，他首先射死了对方一人，却因为躲闪不及，被对方射伤面部，最终重伤不治。

很多人在该暂时离开的时候不离开，即使可以离开物，但又离不开人设、离不开面子，结果只能像孙策一样，做无谓的牺牲。

舍与得之间并不是一个简单的因果关系，比如舍物得物，舍财得财，断臂保命等。我喜欢电影《无间道》里面的那句话：出来混早晚都要还。可是很遗憾，过度的舍，得不到者有之；从来不舍，一味的得者亦有之。可见舍得的因果关系，不是那么带节奏。

舍得是人们为了做出更有价值的决断，而理性放弃难以割舍的物品。有些时候，放弃是为了生存、为了信念、为了目标、为了正义。不管为了什么，核心是你自己认为最有价值的事情。匈牙利诗人裴多菲把它写进了《自由与爱情》中：

　　生命诚可贵，

　　爱情价更高。

　　若为自由故，

　　两者皆可抛。

中国末代皇帝溥仪也在他极其恐惧之时，把认为值得的东西写在了他改编的打油诗中：

　　自由诚可贵，

　　面子价更高。

　　若为性命故，

　　二者皆可抛。

怎么说呢？只能说他们各自做出了决断。

最后来看一个关于舍得的小故事，旨在让大家明确：很多时候，差别不在方法，而在维度，一个放掉单一自我维度的世界，才是一个丰富的世界。

某大公司欲招聘一位部门经理，薪资优厚，招聘者蜂拥而至。但招聘者不看学历，也不问经历，却给每个应聘者提了这样一个问题：在一个风雨交加的晚上，你开着一辆车经过一个车站，车站上有3个人正在等公共汽车，都非常希望能够搭你的车。其中一位是医生，曾经救过你的命；一位是美女，像极了你的梦中情人；还有一位是个老人，由于等车时间太久，老人心脏病突发，必须立即送往医院。但是你的车上只能坐一个人，这时候你应该怎么办？并说明理由。

大多数应聘者都选择了让老人上车——因为老人快要死了，救人要紧。一部分感恩型的应聘者认为，应该让医生上车，因为他救过自己，这可是报答他的好机会。也有人提出让美女上车，他们的理由是：医生可以改日再报答，生病的老人可以由其他人送往医院，美女却可遇而不可求，所以不能错过这个机会。面对招聘者，应聘者们侃侃而谈，据理力争。但是最终，却只有一位年轻人被录取。他只说了三句话——把车钥匙给医生，让他带老人去医院，我留下来陪梦中情人等公交车。

6. 把复杂的事情简单化

在经营管理界里有一句话:"复杂的事情简单做,你就是专家;简单的事情重复做,你就是行家。"马云在后面又加了一句:"重复的事情用心做,你就是赢家。"这几句话马云做得就很好。他懂技术吗?不懂。他会写代码吗?不会,但他是互联网的代表人物。

有些人擅长把简单的事情复杂化。比如,我们都听说过一个销售故事——如何把梳子卖给和尚?很多培训师也都会讲类似的例子。有一次,阿里巴巴请了一位老师,在给员工培训销售技能时也讲了这个故事。员工们很兴奋,但马云听完后直接把他打发走了。因为马云觉得这即使不是骗术,也是把人引入歧途。和尚是光头,众所周知,他们根本就不需要梳子,你千方百计地把梳子卖给和尚,不是忽悠学员,就是糊弄和尚。卖梳子,就去找真正需要梳子的人,就这么简单。

把复杂的事情简单化,首先要学会把自己从复杂的事情中抽离出来。所谓当局者迷。不跳出圈外,当事人很容易受一些不必要因素的干扰,从而难以做出抉择,或者做不出正确抉择。有的时候,生活还会给我们故意设置一些两难陷阱,让你怎么选都是错。因为这从一开始就是个智力圈套。

比如，唐代时有个刺史叫陆亘，一次，他问一位友人："有个人在瓶子里养了一只鹅，鹅渐渐长大了，最后出不了瓶子。现在，他既不想毁掉瓶子，也不想伤害鹅，同时想把鹅移出瓶外，怎么办？"普通人肯定会苦思冥想，但这位友人显然不简单，他直接大叫道："老陆！"陆亘马上答应了一声，于是友人说："这不出来了嘛！"陆亘非常佩服。为什么呢？因为这根本就是一个不需要回答的问题。一定要回答的话，就问问是谁那么无聊，要在瓶子里养鹅，把简单的事情复杂化！

中国有句老话，叫快刀斩乱麻，它源自一个典故：

南北朝时期的北齐文宣帝高洋，其貌不扬，而且是个内秀，兄弟们都瞧不上他，但父亲高欢对他特别看重。为什么呢？因为在高洋小时候，高欢曾经对他们兄弟几个搞过一次测试，让他们理顺一团乱丝，别人都是一根根地理，只有高洋抽出佩刀，一刀砍断！高欢见了，高兴地对手下说："这孩子的见识超过了我！"

无独有偶，相传亚历山大也做过类似的事情：

当时，古波斯地区有一个绳结，相传是戈蒂亚斯王系的，名叫"戈蒂恩结"，相传谁能解开这个结，谁就能统治小亚细亚。很多人跃跃一试，都无法解开。亚力山大见到此绳结时，略一观察，便拔出佩剑把它砍为两段，从而解开了数百年来无人能解的结。

生活中更有很多的麻烦，需要我们有把复杂的事情简单化的能力。讲一个找东西的例子：

有一次，我突然想起自己有一把瑞士军刀，买的时候爱不释手，而现在哪儿去了？这个念头出现之后，我便有了一种冲动，非要把它找到不可。于是在大脑的数据中，开始进行高速的运转和搜索，之后自信地判定其在某一个房间里。半小时之后，我沮丧地出来了，完全没有找到。人整个状态就开始变得不好了，眉头紧锁，焦躁不安。因为除了在大脑的数据库中继续费力搜索外，头脑里还出现了另外一些糟糕的想法，比如找不到了怎么办，又或是不是丢在外面了？人开始变得僵硬起来，很快又选择了第二个地点开始进行搜索，半小时之后还是没有找到。这时候人已经不正常了。变得非常执着地一定要找到它，不找到就感觉缺了什么，甚至自己都忘掉了事情的开始不过是一个念头而已，因为即便找到了，又有什么实际用处呢？但这时候"找到它"已经变成了目标，停不下来了。半个家的抽屉都被拉开了，所有的盒子都被打开了，虽然最后也没有找到这把瑞士军刀，却意外地找到了一些原来想找却没有找到的东西。于是又感慨，这些物品不需要的时候总在眼前，需要的时候总找不到！很遗憾，直到睡觉，我也没有找到瑞士军刀，最终带着失望的心情进入了梦乡。第二天早上一睁眼，人恢复了理智，不禁感慨一句："算了吧，也许不找的时候，它自己就出来了。"

如果寻找的过程是如此这般痛苦，而又经常碰到，那么是不是应该反思一下，这到底是哪里出了问题？

找东西这种情形是我们生活的常态，找着的时候自然很高兴，找不到的时候，也带给我们一种轻微的焦虑与痛感。这是正常现象。重要的是，我们要明白一个物品存在于成千上万个物品当中，就如同掉进了迷宫，你所拥有的物品越多，这个迷宫就越大。怎样迅速在这个迷宫当中定位并能出入自如呢？有一种现象我称为"主妇的厨房"。如果你不是这个厨房的主人，却被请到厨房来寻找一样东西，你会左顾右盼，翻来翻去，就是找不到。而厨房的主人一来，打开某一扇小门，拿出东西就如举起了战利品一般，在你眼前一晃，说道："不就在这里吗？让你找什么都找不着，你的眼睛是用来出气儿的吗？"也许很多不进厨房的人会经常得到这样的评价。但这种精准定位现象也只覆盖了我们所处环境的 20%~40% 的地方，有人熟悉厨房，有人熟悉书房，有人熟悉衣柜，有人熟悉卫生间，但另外 60%~80% 的地方却让大家都陷入了盲区。

为什么会这样？原因是我们从小到大学习的物品管理方法是"分类法"，而我们的大脑实际应用的天然方法却是"标签法"。分类法就像俄罗斯套娃，或像我们搬家时用的箱子，一个大箱子里面有小箱子，小箱子里面有小盒子，小盒子里面有更小的包装，每样东西都有它自己的分类，要是有效率的话，物品所处的空间最好是固定不变，犹如企业的仓库。但谁又希望自己的家成为企业的仓库呢？随着人类对自己头脑的了解，科学家发现我们的思考方式本质上不是分类法，而是标签法。标签法就像我们使用搜索引擎里输入的"关键词"，如果你忘了关键词，你是无法使用搜索引擎的。资源越多，数据越大，就越需要关键词，这些关键词就是我们在生活与工作中的标签。

回到主妇的厨房场景，主妇在厨房里面，管理物品有两个办法：一个是分类法，筷子和筷子放一起，勺和勺放一起；但是更多的情况是标签法，比如有的物品是围绕着"煮饭"这个标签安排的，有的物品是围绕着"炒菜"这个标签安排的，有的物品是围绕着"孩子"这个标签安排的，有的物品是为了"自己的方便或者懒惰"而安排的。不熟悉的人只会依据分类法来寻找，而熟悉的人会按照分类法和标签法组合来寻找物品。这样一来，效率自然差别很大。有句话说，"永远不要收拾别人的桌子"。眼前一团混乱的桌子，当你按照分类法进行收拾之后，桌子的主人会惊叫一声："哎呀，我什么都找不到了！以后你不要动我的东西！"因为越是在我们熟悉的地方，标签法就用得越多，分类法会让很多标签失效，所以标签法比分类法更有效！

再来看看我们的衣橱，现在有一种叫穿衣顾问的职业，她们会很好地打理你的衣橱，用的也是分类法。但是当她不经意地在这里拿起一件上衣，在那里挑选一条裤子，到抽屉里拿出一条围巾，并把它们放在一起穿到你身上，之后你会突然发现新的组合让你更有魅力了。你猜得没错，这时她用的就是标签法。

我们去服装店，售卖的柜台是分类法，但是放在门口的几个模特身上的服装用的是标签法；

我们家里的生活用品是分类法，我们出差所携带的物品用的是标签法；

我们冰箱里的食物是分类法，当我们把食物分为周一餐盒到周五餐盒时，用的是标签法。

善用分类法，你会像企业的5S管理法一样，把自己的家收拾得井井有条；

善用标签法，你会像艺术家一样，把自己的生活安排得多姿多彩；

如果你同时善用分类法和标签法，你就会像个懂艺术的企业家，把自己的生活经营得丰富而有乐趣。

7. 人生不是挤公交

我们经常把坐公交车叫作"挤公交",除了拥挤之外,重点是只能通过"挤"才能上车,遇到高峰期,所有太绅士、太淑女的人都上不去。小时候住在北京市二环附近,新开通44路公交时,汽车到站后的景象永远让人难忘:所有人瞬间同时出现在狭小的车门里,你推我搡,挤成个毛线团,挣脱出来一个,才能上去一个,效率极差,还要求具备很高的身体和心理素质。我当时难以理解,大家为何不顾颜面,如此着急?有秩序地排队这样的效率不是更高吗?有位年长的朋友,煞有介事地给我解释说,"这是因为我们这个社会长时间物质匮乏而形成的一种逃难心理"。当我在电影《孔繁森》中看到逃难的那一幕时,感觉和当年44路公交真的有一比,原来我们每天上班下班,都是在逃难啊!但是时至今日,改革开放多年,物质极大化丰富,大国崛起,世界瞩目,但不管你坐汽车、坐火车、坐飞机,"逃难现象"依然存在,可见背后的原因不是这么简单。

开车的朋友可能都有这种体会:某日你驾车来到一家人气商场,好不容易找到一个停车位,一辆车突然风驰电掣地开过来,完全是警察抓劫匪的节奏,在电闪雷鸣之间,在你反应过来之前,人家已经停车完毕。车主下车之后,还要用不满和愤恨的眼神盯你一眼。或者,某日你开车在路上,莫名其妙地有人就要"比帮赶超",按喇叭的有之,大灯晃的有之,更有甚者一定要加速开到你前面,而超过的瞬间,你都能明显地感觉到他那种优越感。更戏剧的是,有时你开着开着,忽然发现刚才超过你的车居然还在后面,你都能感觉到那辆车整体散发出的失望与焦虑。

为什么会这样?本质原因是生活的优先级排序出现了异化,他们认为生活中最重要的事情,就是随时随地要"赢",哪怕是事后觉得毫无意义的事情。这样的优先级排序,让人希望在每一件小事上面获得优越感,而忘记了什么应该排在最前面。

当生活失去目标、失去意义的时候,当对成就的定义简单到随时不能吃亏时,眼前的损失就会让人愤怒,人就会因抢到一个停车位、争到一个公交座、抢到一个教室桌、占据一个观众席位而窃窃自喜,这种滥用优先级的现象,让人沉浸在小小的成就感中,而忘了真正让人生有成就感的事情是什么。

如果你的朋友纠结于此,你可以这样劝劝他:"每个人都想获得成就感与胜利感,关键是他在什么地方追求这样的感觉。一个人在每个琐屑的节点上,都要获得那种瞬间的优越感和成就感,本质上也表明了他们缺少体会到其他优越感与成就感的机会。"当我们都有这样的同理心时,我们就能释然了。同时,我们也要反省,现在感到的优越感与成就感,是不是也是因为我们在其他的地方没有机会体验呢?一个人有较大的成就,或追求到有意义的生活时,他是不会沉浸在这种通过争抢而获得的小小成就感之中的。所以,优先级的排序是需要反省才能变得清晰的。

管理学上有一个法则叫帕累托法则,也就是著名的"二八定律",又名"80/20法则",是由意大利经济学家帕累托率先发现的。他发现,在任何一组东西中,最重要的只占其中一小部分,约20%,其余的80%尽管是多数,却是次要的。比如,社会上20%的人占有80%的社会财富,20%的人喝掉了80%的啤酒,传媒业80%的产值来自只占20%强的企业……人们经过验证确认了这一点，并很快把它普及应用到社会学及管理学中。

我想很多人都有过这样的感受：朋友倒是很多，但遇到难处时，能帮自己的就是那么一两个；团队倒是挺大，但业绩主要是由几个骨干创造；事情办了很多，但一天下来，最重要的事情往往没有解决几件……怎么办？朋友当然是越多越好，骨干自然应该重视，事情固然都应该解决，但必须分出主次，有所侧重。中国人很反感"厚此薄彼"，但帕累托理论告诉我们，对人对事还真不能平均分配。根据帕累托法则，你必须也只需要把自己的精力按照相应的比例分配即可，要有所侧重。

帕累托法则不仅在经济学、管理学领域应用广泛，对我们自身的发展也有重要的现实意义。那就是学会避免将时间和精力花费在琐事上，要学会抓主要矛盾。这里介绍一种适合个人的方法，也就是著名管理学家科维提出的"时间管理理论"。他把工作按照"重要"和"紧急"两个不同的程度进行了划分。我们的日常工作以及生活，基本上都可以划入以下四个"象限"中：

第一是既紧急又重要的事，如人事危机、客户投诉、即将到期的任务、财务危机等；

第二是重要但不紧急的事，如建立人际关系、新的机会、人员培训、制定防范措施等；

第三是紧急但不重要的事，如电话铃声、不速之客、行政检查、主管部门会议等；

第四是既不紧急也不重要的事，如客套的闲谈、无聊的信件、个人的爱好等。

在实践中，我们要学会在有所侧重的基础上科学分级、科学分析、科学分配。

一个人如果每天都是在这样"不重要也不急"的成就感中度过，就会滥用优先级，而得到的也不过是沙子一般的成就，沙子聚集多了还是沙子，不会变为宝石。什么是宝石？"重要不急"的事情是宝石，而重要不急的事情总是容易被忽略，久而久之就会变得"又重要又紧急"。健康很重要，但不紧急，失去健康的时候就会很着急；亲密关系很重要，但不紧急，失去的时候就会很着急；学习和成长很重要，但不紧急，错过机会的时候就会很着急。这么重要的事情为什么会被忽略呢？因为沙子太多了，被眼前的一个个小胜利冲昏了头脑。谁又愿意这样度过一生呢——天天做着沙子一样的事情，而真正重要的事情又都弃之不顾呢！一个极简主义的人生不可滥用优先级，需放弃那些沙子一般的成就，寻找自己的宝石。

优先级选择并不容易，还容易变得非常主观，比如烦恼、嫉妒、羡慕、恨的优先级就很高。正如法国诗人波德莱尔说，"你居然把这种巨大的能量消耗在这样一件毫无意义，甚至会给你造成很多困扰和障碍的事情上，证明你还没有想明白，自己真正要干的事情是什么"。我们怎么能够避免我们的主观判断的优先级呢？回答这个问题，我们先要尝试回答三个小问题：

第一，如果你是一个房东，你怎么选择房客呢？

第二，如果你是一个单身青年，你怎么选择你的未来伴侣呢？

第三，如果你是一个创业者，你怎么选择你的合作伙伴呢？

是看重他的财务状况，还是重视他俗称三观的人生哲学？财务状况良好，但三观有问题的人，你会选择吗？比如他的哲学是"人生就是潜伏，有便宜就得占，人不为己天诛地灭，人不厚黑难发展，怎么舒服怎么来，怎么方便怎么办"，那他会不会欠你的房租？不言而喻吧！那他会不会成为一个糟糕的伴侣？不言而喻吧！那他会不会背信弃义、落井下石？不言而喻吧！看一个人，就要看他的哲学，看他的三观，因为哲学会派生出人生目标，人生目标的层层分解决定了优先级排序。也许我们可以尝试得出一个结论了，从断舍离到极简主义的三段式就是：哲学、目标、优先级。

8. 学习之道：从多而浅到少而精

20世纪30年代，在美国纽约有人组织了一个大型的作家聚会，很多作家应邀而至，星光灿烂。俗话说文人自古相轻。这话并不仅仅适用于中国人，美国人也一样。每个人都在炫耀自己的作品，唯恐别人不知道。只有一位女士，她衣着十分朴素，安静地坐在一个不起眼的角落，品尝着食物，微笑着倾听别人的谈话。

不一会儿，一位名不见经传的作家坐到了女士身旁，开始向她介绍自己如何高产，如何著作等身，噢不，已经比他的身高都高了，足足有一百多部作品。好不容易说完了，他意犹未尽地问这位女士："请问你写了几部作品？"女士平静地回答："不多，我只写了一本书。""只写了一本书？"高产作家表现得很惊讶。"是的，我只写了一本书。"女士依旧微笑着回答。"那书名是什么？"高产作家紧追不放。女士平静地回答："《飘》。"高产作家的嘴立即张得大大的，因为眼前这位女士虽然只写了一本书，但这本书是世界级的名著，也就是《飘》。这位女士名叫玛格丽特·米切尔。《飘》获得了1937年普利策文学奖，打破了当时的出版纪录，前六个月发行量便高达1000万册，标价3美元却被炒到了60美元，有的人一时买不到，便去租，而租金高达30美元!

写得多不等于写得好,好作品一部就足够了。老子一生就写了一部《道德经》,不过五千言;庄子一生也只写过一部书,我们现在看到的《庄子》据说有一部分还是后人凑的;孔子更厉害,一部也不写,一生述而不作,《论语》都是弟子们整理的……但这些影响他们的地位了吗?又有谁的书能超越这些经典呢?

不仅中国先贤如此,外国作家中一生只写一部书的人也大有人在。除了玛格丽特·米切尔,还有美国黑人作家拉尔夫·埃里森和他的《看不见的人》、"勃朗特三姐妹"之一的艾米莉·勃朗特和她的《呼啸山庄》、英国女作家安娜·塞维尔和她的《黑骏马》、大卫·赛林格和他的《麦田里的守望者》,等等。

有人会说,创作是一辈子的事。但这些事实告诉我们,经典,只要写出一部就够了。除了一些如文曲星下凡般的天才,能做到面面俱到,面面俱佳,诗也好,词也好,文章也好,比如苏东坡。一般人只要专擅一门,并且能够取得不俗成就便不错了。

很多事情不在多而浅,而在少而精。学习呢,其实也是这样。表面看上去,自然是学富五车的好,但学富五车不等于才高八斗,才高八斗也不等于有真才实学,有真才实学也不等于能落地。比如李白,诗才自然无人可及,但说到治国理政,又完全提不起来。事实上,李白还学过有着"小《资治通鉴》"之称的《长短经》,是此经的作者赵蕤的学生。

穿衣呢,也是这样。有不少人,不是没有衣服,而是没有一件体面的衣服,全是地摊货,也就刚买来时新鲜两天,过后看着烦,穿着更烦,搞得自己去一些正式的场合,反而没有合适的衣服可穿。

学习之道更是这样。刚开始时自然应该博览群书,但整体知识架构与基础打下之后，就要逐步从多而浅改变为少而精，也就是从博到渊。

我们在生活中经常会看到一些近乎"百事通"的人，他们看上去很有知识，几乎是天上地下人间，无所不知，无所不晓，看起来什么都懂，但依然解决不了问题。究其原因，就在于他们博而不专，只有一个虚空且不成体系的广度，通常还门槛太低。比如历史，看看历史小说，翻翻百度百科，你会我也会，大家都会，包括市场卖菜的小贩也会。可能你比他强些，但他顶多会说一句，还是你有文化，买菜时该收多少还是要收多少，一分也不会便宜。

《红楼梦》中有句话，叫"治一经，损一经"，意思是顾了这边，顾不了那边。言下之意，在能力有限的情况下，先治一经。文天祥的绝命诗《过零丁洋》，上来也说"辛苦遭逢起一经"，而不是说起几经，原因也不外乎，起一经已殊为不易。古代文人见面，首先要问对方"治何经史"，意思是四书五经你主攻哪一本。有的人专攻《易经》，有的人专攻《论语》，有的人专攻《春秋》，有的人专攻《礼记》，或者《尚书》《诗经》《道德经》等，这些经典都包罗万象，广大精微，穷尽一生也未必能完全掌握，更不要说一起掌握。有的人会说，我都掌握了。姑且抛开他是否真的掌握了不谈，问题在于：他做到了吗？先贤著书，难道仅仅是让后人像读网络小说似的，看看罢了？

有人会说，那我是不是就一辈子读一本经典就够了呢？这又是抬杠了。社会在发展，知识也在发展，我们的学习当然也要符合时代的需要。鸦片战争中中国为何会败？不外乎当时的中国人抱残守缺，还拿着四书五经及相应认知对抗已经掌握了现代科学及其认知的西方人。所以，社会上的那些读经班，看看也就罢了，他们未必真的读得懂经典，不过是一种商业门类罢了。在掌握现代知识的基础上，如何去读这些经典呢？儒家就有明确的指引，那就是先读《大学》以定其规模，再读《论语》以定其根本，然后再读其他经典，从简读到精读，让自己不断提升与精进，最后再回归初心。同时专治一经，成为某一方面的专家、大家。为什么单独提《大学》与《论语》呢？古人强调的规模与根本是什么呢？规模其实类似于现代人所说的格局，也就是说《大学》总结了人生实现远大理想抱负的模式，即"修身、齐家、治国、平天下"；而《论语》，无外乎是强调做人要修心守仁，穷则独善其身，达则兼济天下，此乃人生之则。无论身处什么样的时代与社会，这都是根本原则与财富。至于其他的，有更多精力时就多读一些，忙起来时也无妨暂时断舍离一段日子。一些现代的书籍，一些对应的事情，无疑也该如此。

9. 发现你的地盘

中国俗话讲，当局者迷，旁观者清。因为当局者总嫌不足，而旁观者能看到过剩；当局者嫌不足，总往外求，降低约束，增加资源，导致越来越多，越来越混乱，而旁观者知有余，利用有限的资源达成目的，把不相关的人、事、物、心情统统去掉，一下就抓到重点，从而在纷繁复杂中保持一种理性。所以，我们要当自己的旁观者，而这需要一种能力——发现地盘的能力。

先聊聊发现。什么是发现？"发现"在汉语中是由两个动作组合而成，发即发出的意思，现即出现的意思，从发出到出现，是一个过程，很像雷达扫描的过程，发出一个信号，当碰到目的物之后，信号被反射回来，在屏幕上出现相应的位置，从而利于做出判断。我们发出的是什么？是心，是愿，所谓发心发愿，如果缺了吾心吾愿，就只能叫"出现"，而不能称"发现"了。

东西不在多少，而是在于你能不能发现。艺术家罗丹曾说，"生活中不是没有美，而是缺少发现美的眼睛"；他又说，"所谓大师，就是这样的人，他们用自己的眼睛去看别人见过的东西，在别人司空见惯的东西上能够发现出美来"。一位中央美术学院的老师把它延伸到"一个艺术家的本事，就是能从公共厕所的墙上看到美"。我听到这句话时很震惊，小时候的公共厕所污秽遍地，墙面斑驳，夹杂着一些淘气的小孩的即兴创作，向来都和美不沾边。但老师说得没错，如果发现了美的信号，那么出现在眼前的事物，就会别有洞天。

人们是厌恶老鼠的，所谓"过街老鼠人人喊打"，但一个叫华特·迪斯尼的人不但不打，还把那只每天来探望他的老鼠，当成自己的朋友，后来还创造了举世惊叹的动画原型——米老鼠。为什么迪斯尼能发现，而你我却发现不了呢？本质原因是迪斯尼发自内心地喜欢那只老鼠。

化学家卡罗瑟斯，由于周末忘记关掉实验室的炉子，结果发现了一个失败的产物，炉子水壶里的东西结成了纤维，而杜邦公司正是利用这些纤维制造出了尼龙。同样，诺贝尔奖获得者根岸英一，也是因为在一次错误的实验中，发现了材料的超导现象，于是决定继续"错误"下去，直到制造出了超导材料，并因此获得了2012年的诺贝尔奖。为什么卡罗瑟斯和根岸英一能发现，而你我却发现不了呢？本质原因是他们发自内心地好奇。

发现的能力是可以被培养和训练的，而且，随着这一能力的提高，我们甚至可以挖掘出生活中深藏的可能性与意义。

再回到地盘的话题上。中国移动曾经有个广告词叫"我的地盘我做主"，但我的地盘做主的人真是我吗？什么是地盘？一张面积是一平方米的桌子，看似是个客观的地盘，对于一只蚂蚁来说，是一个很大的地盘，对一只大象来说，几乎什么都不是。但假如这张桌子是马戏团的大象用来做表演的，对那只大象来说，这就是它的地盘；又或者这张桌子干净得连一粒米渣都没有，蚂蚁恐怕没心情光顾这个地盘。所以，地盘是一个主观的认定。我们和我们的地盘本质上是一个利益共同体，如果不存在共同利益，这个地盘就不是我们的。这种利益共同体，用美国生态学家吉普森的话来说，是一种协同的、互补的、共生的利益联盟，它是一切资源和约束的总和。形成利益共同体，需要一种核心能力，就是发现地盘的能力。

发现的秘诀是"发",而不是"现"。地盘的特点是,不在于它本来是什么,而在于你想拿它做什么,和你能拿它做什么。简单地说,如果你不知道想拿它做什么,和你不知道能拿它做什么,那么,这个地盘就不是你的。如果你找不到利益共同之处,那么这个地盘你就不能做主了。庄子说得好,"无用方为大用"。路过一棵树,一个木墩儿,一块石板,也许毫无用处,但如果是在一片田野中,一棵榕树下,木墩儿的椅子,石板的桌子,上面放一壶茶,点着一炷香,清晨的阳光透过树荫点点洒洒地落在椅子和桌子上,我们就会突然感觉到它们的大用,乃至妙用,因为我们的"感觉"和它们形成了一种利益共同体。

很多物品是"出现"在空间里,而不是被"发现"在空间里。出现的物品越多,空间被填充得越满,如果没有约束,无穷无尽的获取会让我们最终失去利益共同体。正如当下正在不断恶化的环境,急剧变化的气候,雾霾和瘟疫;也如被填充了过多物品的空间;更如被无意义的事情占满了的生活。所以,越是没有约束,资源被浪费得就越多;越有约束,资源就会被利用得越充分。

有一部奥斯卡获奖影片叫《肖申克的救赎》,电影中的主人公锒铛入狱,生活资源被剥夺,生存的空间少之又少,可他却被敌人欣赏,被朋友帮助,然后用一支钢制的汤勺,挖通了自己的自由之路。在获得自由之后还帮助了他人。主人公和监狱、敌人、朋友、汤勺,共同形成了利益体。唐朝刘禹锡有诗云,"山不在高,有仙则名。水不在深,有龙则灵。斯是陋室,惟吾德馨"。可以理解成东西不在多少,关键看你能否巧妙地结合为己所用。

"发现地盘"离我们日常的工作与生活并不遥远。我用两个真实的故事来说明,在有限的资源里如何通过"发现地盘的能力"来改变最后的结果。

第一个故事发生在20世纪末,两个同一年毕业于北京名校的年轻人,先后任职于同一家公司,但有着迥然不同的职场经历。

第一个年轻人学的是人力资源专业，但实际工作却给安排在了市场部。对于他来讲，市场营销的工作具体是什么、怎么做才能做好，他对此完全没有任何知识储备，于是直接进入茫然无措的状态。而且在90年代中期，市场营销对于大家来说都是很陌生的概念。有一天，老板找到他说："我们要组建市场调研部门，先从你一个人开始吧，第一个工作就是去河北某海滨城市，做全市的市场调研。"听到这个消息后，这位年轻人在茫然无措的心情上，又蒙上了一层绝望，"这事情太悬，没人懂，没人教，无法向任何人请教，自己学的专业和工作内容又对不上口"。他觉得老板是脑筋错乱，胡思乱想，而自己为了一个胡思乱想去浪费自己的青春，是多么的没有意义！于是，他愤然提出离职。

很快，另外一个年轻人来到了这家公司。这个毕业于热能加工专业的年轻人，也面临了这个"不靠谱的"工作，但他没有气馁，更没有绝望。为了学习如何进行市场调研，他到联合利华公司面试了兼职调研员，在实际的问卷走访过程中，了解了如何与用户沟通。他又自费学习了市场营销的课程，并把课程中关于市场调查部分的环节摘录出来，做成培训流程工作的教材。当他来到那所陌生的海滨城市时，老板打来电话，问需不需要给他派一名助手和司机，他同意了。只是，他没料到这名助手和司机居然是公司的副总。这名副总也见证了他是如何在学校里招募调研人员，如何在临时租用的会议室里进行培训，如何设计问卷并防止问卷作弊，又是如何在工作之余学会了开车。两年后，这位年轻人成为了公司里最年轻的高管。

第二个故事发生在21世纪初。一家知名的外企公司里有两名员工要离职，理由是相同的：被分派的销售区域是全公司里最糟糕的，面临的客户是最不可能购买产品的，半年下来工作成果和待遇都是全公司里最低的。他们认为自己是公司的实验品，是被抛弃的人，早晚都要被干掉，不如自己赶快离场。第一个人走之前，愤然地向所有人抱怨自己遭遇的不公，并故意让经理的电脑感染病毒。在看到经理无法启动电脑时,他的内心感到了一丝报复成功的快感。

另外一个员工虽也有去意,但他回想起自己当初为何要来这家企业,最开始最吸引他的就是在这里能学到很多东西,于是为了下一份工作能更好地胜任,他申请了很多课程;为了更多地了解业务,他请教了很多同行和同事,并逐渐明白了工作中的问题是什么;另外,还由于"私心",他希望能够得到客户的认同,便花了更多的时间学习如何与客户交流,还和一些客户交上了朋友。虽然他当时决定半年后离职,但仅仅过了五个月后,全年的业绩居然完成了,公司还为他升了职,并把他调任到最重要的战略市场部门工作。他原来的上级都过来恭喜他,向他表示歉意,说没能发掘和发现他的才能。当问及为什么突然有这样的改变时,这位仁兄感慨地说了一句:"其实世界本来很精彩,本来就有很多资源,只是我才发现了它们!"

所以,归纳起来说,一个地盘,不在于它本来是什么,而在于你想拿它做什么,和你能拿它做什么。

打开视野,去发现你的地盘吧!

10. 万物有缘，以"惜"为贵

要发现生活的美，就需要穷尽万物的特点与功用，穷尽万物的可能性，最终把这种可能性变成现实性，这个路径，就是通常说的"物尽其用"。

但是，我们真的能做到物尽其用吗？当我们在购买一样东西的时候，我们总是能够构想其各种用途，但真正拿到手之后，用上几次就弃之不顾，总是想将来会用到的、早晚会拿出来用的……可又有多少东西，当你把它丢弃之后，可能它从来没被你真正使用过。

有一位仁兄特别喜欢收集笔，不管是钢笔、铅笔，还是圆珠笔；不管是自己的笔，还是别人的笔；不管是银行的笔，还是酒店的笔，统统都放在他的抽屉里。以至于有一天，他在拉开自己的抽屉时，十分惊讶地喊道："怎么这么多的笔，都是谁的呀？"可以说，这是一个"物尽无用"的典型例子。你是不是看着也很眼熟呢？

人与万物总有交集，是彼此的缘分，擦肩而过的自不必说，留在身边的就是有缘了。

人与物的匹配，本质是一个赋能的过程。一个物品，你爱与不爱，它都在那里；你用与不用，它还是在那里。可见物尽其用，是一个主观能动的过程。

而如何把可能性变成现实性，则需要一种设计的能力，这个能力包含三个部分，分别是无、惜、缘。

第一部分是无，就是老子所讲的"有之以为利，无之以为用"。真正的设计是在显露与隐藏之间，看见与看不见之间的一种平衡——

看见的是公共厕所，看不见的是一幅画；

看见的是一个丑陋的石头，看不见的是雕塑；

看见的是空间，看不见的是生活；

看见的是健康，看不见的是自律；

看见的是财富，看不见的是认知；

看见的是亲密，看不见的是用心；

看见的是贼吃肉，看不见的是贼挨打！

看见的用途是有限的，看不见的用途才是本质。曾经的老式诺基亚手机，用户经常笑称是用来防身的，因为拿到手上，有重量，还结实，这绝对不是厂家希望看到的用途，但这才是市场对它真实的评价。

要做到现实性，就要物尽其用，要做到物尽其用，就要穷尽可能性。每个人都有穷尽可能性的潜力，让我们一起做个小练习：找到你用得最多，又一直在用的东西，思考一下为什么一直在用？你会突然发现，究其原因其实就是发现了它无穷的可能性。有人爱手机，是因为他发现了手机的无穷可能性；有人爱汽车，是因为他发现了汽车的无穷可能性。我爱一支德国钢笔，这是因为它除了能写字，还额外增加了很多可能性，包括——

从来没有卡顿导致的挫败感；

拿出来时，周边的人就会表示好奇；

使用起来的手感；

50年的历史；

给它灌墨水时的仪式感；

因为它的品质，而使我的字变得更好看了。

让我经常思考，什么样的东西可以几十年畅销不衰。

有一个俗套的笑话：有一天小明跟同学们讲，他终于明白了什么叫"书到用时方恨少"，因为想摘树上的果子，身高又不够，踩着书包也差一点点，当时要多几本书在书包里就一定能摘到，所以小明得出心得——"书到用时方恨少"。我觉得这个笑话很有深意，即有"无"的深意，也许这就是为什么牛顿看到了苹果有"无"的一面，而激发了自己的创造力。我曾经在课堂上拿出过一个曲别针，请大家写下它的用途。很多同学认为，写个十几种出来就不错了，没想到同学们通过努力，最后居然写下了200多种用途。可见，我们都可以发现事物的无限可能性。

BBC曾经播出过一部纪录片，叫《决战奥马哈》，这部纪录片要复原第二次世界大战奥马哈，1944年6月6日盟军诺曼底登陆之一。当时盟军在诺曼底登陆时的战争场面。我经常拿这部纪录片跟我的朋友开玩笑："你看，场面如此宏大，制作如此精良，和电影《拯救大兵瑞恩》有一比。你要是摄制组的导演，你觉得要聘请多少演员？调用多少设备？拍摄多少时间？花多少钱？"有人说最少要几十人，有人说怎么也要拍一两个月，有人说预算要上千万才行。其实，任何人的答案都远远超过了当时制作团队的条件。实际情况是，他们只有三个人，一辆车，几捆绳子，三把道具枪，三套演出服，一个租来的摄影棚，两台电脑，一台摄像机，而且摄制时间只有四天！

第二部分是惜，也就是珍惜的意思。我的一位友人，一个皮包用了十几年，由于使用率太高，经常磨损，修了又修，补了又补，她修补的费用可以用来再买一个新包了。于是，喜欢买新包的人很不理解她的行为，问她："花了同样多的钱，为什么不买一个新的呢？"她笑而不答。其实，只有珍惜，才能物尽其用。我们看到的是一个包，看不见的是它的品质和曾经发生过的故事，那是它和主人一起的回忆，那是它与主人相互呼应、各得其所的安然。在友人的眼里它不是没有生命的物品，它是一位有生命的伙伴。所以，你赋予谁时间，谁就是你生命的伙伴。

中国汉字里有"爱惜"一词，但"惜"与"爱"不同，惜是爱的深度，中国传统文化讲"惜物能"指的是因为珍惜一样物品，而把它发挥到极致。见过一位修行者，一天只用一张餐巾纸，他很小心地使用，一点一点地使用。我递给他一张新的，他说不必，我说还有很多，他说："你不了解，这张餐巾纸的用途还没有结束。一张新的餐巾纸，我们是用它空白的部分，既然这张餐巾纸还有空白的部分，我们就要把它用好用完。我们可以把使用过的那部分小心地折叠起来，一是下一次拿出来的时候，这个餐巾纸还有个好样子，二是全部用完的时候，还能用这张餐巾纸的背面擦擦自己的鞋子。"物尽其用之后，他才满意地把它放进了垃圾桶。珍惜，让他挖掘到了物的潜力，并和万物形成了利益共同体。

第三部分是缘，就是缘分的意思。万物与我们相随，最开始是满足了我们的一个需求，但是随着时间、地点、关系的变化，即我们所处场景的变化，我们的需求也发生变化了。把物放在特殊的场景里，满足我们的需求，就是人与物的缘分。至少我本人相信，万物已经预埋了缘分的功能。这种缘分，有时和我们期望的不同。

我有一方石，一直放在书桌的盒子里。每当看到它的时候，都在想如何请高人帮我刻一方印，可过了十五年，这石头还在盒子里。它如果不能当印章，那不如把它用在别处。于是，我认真地打开盒子，剥去保鲜膜，露出它的本来面目。拿起来闻闻，又用手摸了摸，感觉到一种独特的香气与质感。虽然是块石头，摸起来如此坚硬，却又光滑无比，看着像果冻一样。于是它有了三个用途：

第一，变成了我思考与写作的小助手。每当没思路的时候，我就把它拿在手上把玩。有质量的东西也富有能量，它给我带来了很多小灵感。

第二，变成了我放松的小助手。人在心浮气躁的时候，就细看石头上的纹路图案，由于它的纹路非常丰富，虽然不具象，但是变化很丰富，看着看着就被吸引了，心情就放松了。

第三，写字的时候也可以拿来当镇纸，朋友看到还说"你好奢侈"。

是不是奢侈暂且不管它，重要的是我发现了它的好处，发现了自己过去十五年里没有感受到的价值，虽然它最终没有变成印章，却变成了我的无声好友。

当我们了解我们与万物的缘分，挖掘了万物的潜力之后，我们还可以逆向设计，将体验显露，把动机隐藏，最伟大的设计就是这样的无痕设计。

Apple 公司的无痕设计就是他的 iTurns，阿里巴巴公司的无痕设计就是支付宝，腾讯公司的无痕设计就是微信，而日本最伟大的设计师深泽直人，也是把无痕设计用到了极致，把每一个场景下的需求和物品相关联，让你感受到的是好的体验，是不自觉的使用，是没有压力的自然，而内在的动机却隐藏了起来。正如你帮助了一个好朋友，却不会经常提醒他欠了你的人情一样。

第三章 发现极简主义

第三章 发改的前主义

1. 最早的极简主义者——老子

如前所述，受老子《道德经》中"为学日益，为道日损"的影响，日本作家山下英子才写出了《断舍离》。事实上，老子也确实是一位极简主义大师，甚至还有可能是最早的极简主义倡导者。

所谓极简主义，其实是一种新的生活方式，其要义在于简，而不一定是极简。到什么程度才叫极简呢？像苦行僧一样，一生只穿一件衣，只有一个饭钵？肯定不是。它的出发点是摆脱现代社会导致的超负荷的、过度忙碌的生活。这种新的生活方式已经在欧美日和国内的中上阶层流行开来。在国内一线城市的白领精英中也拥有越来越多的践行者，对他们无疑也是适用的。但如果在某个落后的山区，人们穷到了只能保证温饱，除了口粮再无其他的地步，却告诉他们说，你们这是极简主义，这就是骗人了。

极简主义不是意识流，也不能千人一面，一刀切。先看看老子是怎么说的吧。

首先是大道至简。2500年前，老子就在他唯一传世的著作《道德经》中深刻阐明了大道至简，道法自然的理念，并在物质和心灵两个层面都倡导从简。诸如"金玉满堂，莫之能守""五色令人目盲，五音令人耳聋，五味令人口爽"

之类的劝诫，让人保持冷静的心态。然而，就像老子所阐释的，无数后人所强调的，大道至简，只是知易行难。断舍离很难吗？很抽象吗？一点儿也不。所谓断，就是断绝不需要的东西；所谓舍，就是舍弃多余的废物；所谓离，就是脱离对物品的执着。说白了，是你掌握物而不是物掌控你，是你掌握自己的内心，而不是内心被贪婪占据。不勉强，不逞强，进退如意，从容洒脱，不委屈自己，也不放纵自己。当然，这未必是幸福生活的定义，但必是更高维度的人生追求。

现代人追求的，几乎全是高配置的人生。房子要最大的，车子要最好的，手机要最新款的，学历要镀金的，孩子要赢在起跑线的，妻子要赛网红的，仕途要上升的……在高配置、高规格、光鲜体面人生背后的阴影里，蜷缩着的可能是焦虑的、纠结的、痛苦的甚至扭曲的灵魂。更大的房子、更好的车子、钻石级 VIP，这些东西都不是白得的。有时候需要你倾尽所有，甚至要搭上未来，才能暂时拥有这一切。而获得满足的，可能不是自己的真实感受，而是一种被社会裹挟的"人设"，一种被世俗所熏陶的、渲染的"必须"。

没错，你是有豪华别墅，但70%的房间都是空闲的；你是有高档轿车，但70%的配置都是多余的；你是有高档手机，但70%的功能都是没用的；你是有钱，但穷得只剩下了钱。有钱不会让人佩服，缺少修养和善念只会让人鄙视。

就拿这几年的主旋律——房子来说吧，就像很多网友说的，北上广深的高房价已经透支了70后、80后的人生，连带着透支了他们的父辈和子辈的生活质量，有些群众眼中的天之骄子——清华北大的毕业生，奋斗了多年依然买不起房，成了北漂、海漂和深漂。更有甚者，因为房子舍弃爱情、亲情，或者争先恐后办假离婚，全家举债甚至借高利贷的、行骗的，比比皆是。买房不是错，有条件的话还是尽量住得宽敞些好。但要有个度，否则房价岂不是任由欲求不满、索求无度的人性推高？房价疯涨的背后，有多少小到个人，大到社会的因素在为此推波助澜呢？如果失了这个度，社会会失去和谐度，个人也不会愉快到哪里去。当房间大到让你觉得空落落、毫无安全感、睡觉都要把灯都打开的时候，那就不叫宽敞了。当我们殚精竭虑地去追求一些东西时，当我们为之骄傲、反复炫耀时，我们应该回头看看，是不是已经在不知不觉中误入了歧途，且越走越远。

人啊，所需要的原本不多，但人类的动物性天然地会引导人去追逐占有一些暂时不需要的东西，以为将来所用。男人为什么爱追逐？因为在原始社会他们的责任就是追逐猎杀猎物。女性为什么爱逛街？因为女性在原始社会负责采集，就得时不时地去看看树上的果子熟了没。有时候在街上看到自己买不起的东西，光是看看也感觉很好。这种天性早已被写到了骨子里，抹杀不掉，毕竟人类的历史90%的时间是在非洲大草原上，而现代文明的时间不足10%。但我们人之所以为万物之灵，就在于我们懂得洞察这份动物性，同时成就人性。

天之道，损有余而补不足。过度的索取肯定要还回去，为额外、多余的追求，付出时间、精力、身体、心灵乃至更多的代价，而打破这种平衡，甚至使人疯狂，就走上了西方所说的"毁灭之路"，因为"上帝使人灭亡，必先使人疯狂"。

这个世界上有无数的深渊，但最大的一座叫欲望。所谓断舍离，是让我们远离欲望的深渊，只摘取生命树上能够得到的果子，而不是一上再上，直至最高处，结果压坏果树，也摔伤自己。所谓极简主义，不是让我们没完没了地忆苦思甜，也不是过分地拔高艰苦奋斗，过上那种我们刚刚摆脱的苦日子，更不是压缩自己的生存空间，降低生活质量，而是要在这个充满选择的社会里，只选对的，不选贵的；是在这个欲望不断被扩张的世界里，保留一份心灵的自留地。

什么是极简主义？

极简主义就是把无关紧要的事情放一边，把无关紧要的东西放一旁，让相对重要的人、事、物凸显出来，让好的事情自然地发生，最后做到无为而无不为。

什么是极简主义？

极简主义就是把几百万字的网络小说浓缩为诗歌，让道理浅显易见，在最短的篇幅内给人惊喜，并且可以时不时地吟唱，随时引用。

什么是极简主义？

极简主义不是清教徒的禁欲或节欲，而是用天理说话。符合事物本质、常识、自然规律时，你何必委屈自己？但外面的世界诱惑太多、选择太多，让人纠结、沉迷，那些还不懂得管理自己的人，容易在不知不觉中放大自己的欲望，沉浸其中。极简主义从人的内心出发，从本质出发，让人懂得如何打开，如何收敛。只喝白开水的人未必是极简主义者，爱喝可乐和饮料的人也未必不是；粗茶淡饭的人未必是极简主义者，爱吃羊蝎子的人也未必不是，关键要看他是不是遵从了自己的内心与本质。

极简主义的意义就是将死机的生活激活。我们的生活如同一台手机，死机的原因有两个，没电了或者系统出了问题。没电了，就要给生活充电，但如果电量很足却仍然死机，就只能重置系统了。你会发现，重置的系统功能最简洁，速度也最快，同时也清楚了什么最重要，比如通讯录、文件书稿、照片、各种记录等；也清楚了什么不重要，比如一些电影、游戏和那些很少使用的 App。所以，一台新手机或重置系统的手机（有云恢复功能的除外）就能让所有人体验到什么叫极简主义。

极简主义者看似大大咧咧，其实是极精明主义者。在生活的方方面面，他们知道人生最重要的东西是什么，从而会把最好的时光、最大的精力投入其中。他们不愿意讨价还价，婆婆妈妈，为了一点点的赢额外付出精力，他们更不会纠结、烦恼，彻夜难眠。他们也会失败，但会审视自己，然后回归正途，很快走出阴影。他们会比普通人收获更多的幸福与快乐。

用老子的话说，就是无为。罗建中老师说："'无'（無）字的形是一匹迎风而走的马，顺风时马鬃会挡住马的眼睛，迎风就不会，所以，'无'字的本意在顺着自然的力量，所以无为就是顺应规律的作为。老子因此说，因为无为，所以能无所不为。"

极简主义不是简陋，也不是简化，而是简约，简约才能丰富，留白才有意境。简约，其实是最为复杂的精密。看似简单的原则，都是对复杂性的高度总结和提炼。智能手机都是傻瓜机，随便划一下屏幕、点一下图标就行，界面越简单，后台系统越复杂。人也一样。不信你去看那些真正意义上的极简主义者，个个都不简单。不能说极简主义者都是牛人，但牛人多为极简主义者。不是极简主义者的牛人也牛不了多长时间，因为天道如此。极简主义者的无为是将勤奋放在找到复杂背后的简约。因为每一个简约的背后都是认知的升级，都是不断的反思和对复杂现象的总结，相反，每一个复杂的背后都是懒于思考，任由混乱。

举一个反面案子。中国有一种现象，替领导写发言稿。这个过程是非常复杂的，写稿的人要仔细学习和研究领导之前是如何发言的，还要把领导发言的要点总结出七八点，再参考领导的措辞习惯、发言特点后才能撰写内容。内容既要显得高大上，又要凸显领导的个人风格。为领导写好一篇发言稿，可见有多么复杂。而这复杂的背后，本质是混乱和懒惰，这种行为往往导致了很多领导已经不会即兴演讲了。而且，这种从上到下的作风也导致大量人力、物力被投放在这些垃圾语言的制造过程中，发言人词不达意，言不由衷，错字白字满天飞，而听众早已心猿意马，毫无兴趣，盼着早点结束。

美国哲学家怀特说："20世纪的哲学史是刺猬与狐狸的历史。"这种分类是来自古希腊的典故。刺猬看着很弱，动作迟缓，本事不多，但是能以不变应万变，看似弱势动物，本质是强势动物，谁也奈何它不得；狐狸看着是强势动物，千变万化，辗转腾挪，各种花招，但每次都要耗费大量体能，本质上是个弱势动物。狐狸型,就是从一到多的复杂;刺猬型,就是从多到一的简约。

当我们面对困难和问题的时候,有一种不自觉的倾向性就是想做狐狸。因为狐狸聪明啊,有很多的花招,而实际上,刺猬的解决办法简单而有效,可能比狐狸的办法更好。所以,简单的背后是不简单,不简单的背后才是简单。

也许,我们可以看出从一到多很简单,从多到一不简单。发言稿让别人去写,那不是简单,那是复杂和懒惰;自己写发言稿,还要反复练习,十几遍到几十遍,那不是复杂,内核却是简单的。

防骗很简单——世界的骗术千千万,不用看防骗大全,谨记一句话,不占小便宜,你就不会上当受骗。不妄念妄动,人就不会误入歧途。

打太极很简单——打久了就会发现,动作只有两个:一正一反。

小朋友走丢了,最简单的办法就是最好的办法——原地不动,不跟任何人走。

人生会有三个阶段:被丰富性吸引、被复杂性绑架、回归到简单。借用王国维的三个阶段解释一下,第一阶段,"独上西楼,望断天涯路",预示着人类被丰富性所吸引;第二阶段,"衣带渐宽终不悔,为伊消得人憔悴",表明人已经被复杂性绑架;第三阶段,"蓦然回首,那人却在灯火阑珊处",最终还是要回归简单。从一到多是容易的、堆积是容易的,如果到此止步,人就没法成长。从多到一是痛苦的,因为简单的事都需要勤奋,只要咬牙挺过了这一关,就能发现灯火阑珊处的美了。

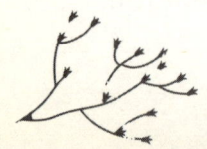

2. 极简主义的两个维度——空间与时间

"主义"是一个被用得有些滥的大词。看美国总统的传记,几乎每一任都有个主义,比如杜鲁门主义、艾森豪威尔主义、门罗主义,等等。他们这些主义,就好像我们普通人的主意似的,一会儿一个。极简主义也是这样,原本很简单的事情,非要带上"主义"这个后缀,炒得云里雾里,让人摸不着边际。

我看极简主义一点儿也不玄妙,武侠小说中总提到武林高手要打通任督二脉,其实极简主义也有任督二脉,那就是时间与空间。空间是时间的节点,是我们的镜子;时间是流动的空间,是我们的灯。只要把握住这两条主脉,万事万物,来龙去脉,都可以很简单地识别与掌握。

先说空间。这几年空间整理术大热,是因为践行极简主义与断舍离的第一步往往都是从整理空间开始的。很多人说我也懂,不就是第一断掉买买买,第二做到扔扔扔嘛,我每天扔一件我就是简哥简姐简叔了。说得不错,只是境界不高。

什么是高境界呢?就是别把断舍离和极简主义搞混了,断舍离是极简主义的基础,但断舍离不是极简主义的结果。简单说,断舍离就是面对空间的三个动作。但为什么要做这三个动作呢?难道就是为了时尚,为了证明自己是个极简主义者吗？如此这样，极简主义就变成形式主义了。极简主义者该如何做呢？他们会在断舍离之前，先多问自己几个问题，如为什么有？为什么留？为什么舍？因为什么情结？因为什么目的？到底有何意义？

我们前面讲过，面对可欲之物，道家是扔东西，不见可欲；佛家是看见权当没看见，把所有的色看成空。不见可欲与视而不见，到底哪个高明无法比较，因为两家的方向不一样。道家倾向只度有缘人，修行为本，碍事的统统拿走；而佛家相对来说更讲究普度众生，跟众生打交道，不可避免地要多接触可欲之物。有人说："见与不见，它们都在那里，物品需要清洁、维护、摆放，人情需要经营、维系、往来。相对于接物、待人，无疑更见功夫。世事洞明皆学问，人情练达即文章。整理完物，我们再'整整'人……"好！停！人生能不能按一下暂停键，问问自己——我要干吗？为什么都要清洁、维护、摆放、经营、维系、往来？为什么要减肥减到呕吐、购物购到剁手、喝酒喝到过劳、应酬应到世故？一切皆好，就是忘了走自己的路。我们所拥有的，构成了今天的自己。关键是你要去哪里，才能成就未来的你？成为极简主义者就是要简单一点，坦率一点，诚恳一点，你的地盘你做主。

再说时间，中国文化博大精深，时间的"间"字即包含了空间的意思；也就是说，时间是连续的空间中发生的一连串事件，时空是一体的。时间就是金钱，要不为什么我们都说"花"时间呢？时间毫无疑问是有价值的。时间就是每个人投向未来的资本，只是每个人的价值观不同，投资方向略有不同。

有人喜欢花时间在重要且紧急的事情上，比如完成任务，解决问题。

有人喜欢花时间在重要且不紧急的事情上，干一些现在看起来没有用处，但长远看来意义深远的事情，比如读书。这里的书不单指工具书、资料书等有用的书，还包括一些诗歌、文学、思想读物等无用的书，不管喜欢什么，他觉得所花费的时间对得起这个价值。

有人喜欢把时间花费在玩游戏上,比如魔兽世界、英雄联盟、绝地求生;

有人把时间花费在掌握一门技能上,比如绘画、音乐、编程;

有人把时间花费在学习一门专业课程上,如金融学、心理学等;

有人花时间看电影,看纪录片,有人花时间看肥皂剧、宫斗剧;

有人听流行音乐,有人听摇滚乐,也有人只爱口水歌;

有人用时间挣钱,有人用时间花钱;

……

总的来说,你的每一点时间,你都希望花在自己认为有价值的事情上。但是很遗憾,大部分的人在人生终点时都会被一个问题困扰:我的时间都去哪儿了?为什么想干的都没干呢?干与不干,这辈子都要过去。能干的事情并不多,挑什么做,就会有什么结果。所以,时间是最好的尺子,衡量着万物的价值。

3. 你的时间都去哪儿了

让自己忙碌起来，让自己充实起来，确实有助于排解一些没必要的思虑与烦恼，但是整天忙得像只小蜜蜂，也不是人们所希望拥有的生活。很多人习惯把自己的生活安排得满满当当，并且记在日历或者记事本上。今天干什么，明天干什么，下周干什么，明年干什么，计划后马上行动，才发现计划跟不上变化。其实，把日历填满不如回顾自己的日历。

很多生活的原则与本质不是通过"寻寻觅觅"才发现的，而是通过回顾与反思发现的。说简单些，这属于时间管理的范畴。我们因时间而存在，时间用完了，我们的人生也就"结稿"了。怎么用有限的时间活好一个精彩的人生，就是要经常停下来，给人生做做复盘。

孔夫子每十年就要做一次大复盘，并总结出三十而立、四十不惑、五十知天命、六十耳顺、七十从心所欲不逾矩。以不惑为例，很多人活到四十岁，困惑反而更多，就是因为"只有眼前路，不看身后身"的原因。我们不用等到四十才不惑，年轻人也有不惑的时候。当我们回顾人生的时候，会发现所谓不惑指的是：发现了生活的优先级，或者说第一性原理。

资源充足的时候，我们很难发现优先级。假设人可以永生，可以做的事情

就太多了，你就不需要把事情按轻重缓急来排序。而人过四十后，精力和体力都已从人生的最高峰开始下滑，会有一种深刻的体验即生命是有限的，就会得一种地球人都要得的病——中年危机焦虑症。这种病有个后遗症，就是不得不计算人生还剩下多长时间，如果时日无多，那人生的优先级是什么呢？

时间是有限的。德鲁克说："时间的供给，丝毫没有弹性。不管时间的需求有多大，供给绝不可能增加。时间稍纵即逝，根本无法储存。昨天的时间过去了，永远不再回来。所以，时间永远是最短缺的，时间也完全没有替代品。在一定范围内，某一资源缺少，可以另觅一种资源替代。例如，铝少了，可以改用铜，劳动力可以用资金来替代。我们可以增加知识，增加人力，但没有任何东西可以替代已失去的时间。而做任何事情都少不了时间，时间是必须具备的一个条件。任何工作都是在时间中进行的，都需要耗用时间。"

所以，时间不是哲学问题，而是数学问题。一个人想成就事业，那你在这个事业上所能投入的精力到底有多少，我们一起计算一下：

假设一个人的平均寿命是80岁，20岁之前学习，60岁之后退休，能用来成就事业的有40年。看着很长，而职场人士每年只有2/3的时间用在工作上，而这2/3的时间，有70%的时间，被各种的干扰、会议和大量的重复工作所占据。这样下来，40年的时光，我们可用的也只有8年。如果我们不能发现生活的优先级，找到第一性原理，而把岁月平均分布在各种事情上，那每件事情获得的时间资源就很有限了。这连续的8年时光，按每日8小时计算，工作时间大约是2.3万小时，按1万小时可以做成一件事计算，我们一生可以做到的事情也只有两件多一点而已。如果我们参与的工作超过三个或长期选择超过三个，除非你把生活的时间也用来工作，否则，你就很难成就一番事业。

逐渐我们会发现，能做成事的人大多是大智若愚的人，而那些很聪明的人又往往做不成事。因为聪明人可以做很多事情，而大智若愚的人只做很少的事情。于是，聪明人离热闹很近，而大智若愚的人离门道很近。

40岁前的我是个反面教材，参与了三种完全不同的工作，职业生涯过半，用去了上面所讲的8年的50%，即4年的时间，平摊到每件工作的时间只有一年多；而我的大学同学是个正面教材，我们背景相似，都是不能拼爹、运气一般的人，她40岁以前只做过一件事，在这件事上，她完整地投资了4年时间，所以，等到大家都不惑之时，我只办了三件小事，而老同学却做成了一件大事。差距不是智商造成的，是有没有找到优先级造成的。

所以，人过40岁之后，属于我们的还有4年时光，如果努力做好一类事，我们还有希望，这就是回归到道。道生一，一生二，二生三，三生万物。道是大自然的规律，是第一性原理，是找到优先级，发现道就是洞见简约之美。

如何洞见简约之美？

其一是发现真理。牛顿定律是简约的，爱因斯坦发现了质能互变公式：$E=mc^2$ 即 E(能量)$=m$(质量)$\times c$(光速)的平方，一个如此简单的公式包含了万物的原理，简单到让人叹为观止。亚当斯密发现了经济学里的第一性原理，就是市场那只看不见的手，简单到了世人皆知。

其二是发现使命。几乎所有的传说、传记和优秀的影视作品，都在描述一个类似的故事，即人是如何从混沌之初，被使命召唤，走出伊甸园，面对自己的挑战，在人生的荒漠中战胜苦难，在绝境中迎接最终的挑战而重生。季羡林先生能成为国宝级大师人物，尤精于研究吐火罗文，在于他一直充满使命感。年轻时的季羡林留学到德国，经历战乱后，又从德国回到祖国，再经动乱，虽命运坎坷，在劫难逃，却始终不放弃自己的研究方向，从而成为梵学佛学的学术泰斗。

有人问：为什么一定要去发现？人可不可以自己成为第一性原理呢？事实证明是行不通的。每一个第一性原理的发现过程，都是人类走下神坛的过程。

以人工智能 AI 为例。人工智能几十年的发展都很缓慢，几乎进入了死胡同，只有最近几年才突飞猛进。浪费了如此多的时间，究其原因都是范式惹的祸，此前人把自己当成了起点，要变人脑为电脑程序，假定程序跑得越快，越能接近人脑，于是努力编写代码，努力提高电脑的运行速度，模式变成了——一个聪明人的大脑，编码成一个高级程序，放入一台跑得飞快的电脑。但不管电脑运行多快，却一直无法形成智能。原因是人对自己的认知是有限的，有限的认知模拟无限潜能的大脑是走不通的。但当人们放弃用模拟自己的大脑，改用基于大数据的概率运算，再开发人工智能的时候，整个行业突然变得柳暗花明。正如 2011 年诺贝尔经济学奖获得者托马斯·萨金特对人工智能的描述："人工智能其实就是统计学，只不过用了一个很华丽的辞藻，其实就是统计学。"这引发了经济学家和人工智能科学家之间的争论。

其实，就算 AI 是统计学，它的意义也是史无前例的重大。比如，人们可以利用计算机的计算优势，通过一种规则，把大量的数据提供给计算机，形成统计结果，从而优化选择。就像 AI 下围棋，以前的做法是将围棋选手的方法教给机器，现在则是让机器穷尽各种尝试，研究各种可能性，并找到最优路径，机器很快就能总结出 100 万种的走法，并确定其中的 100 种是有效的。说简单点，我们是从人脑指导电脑转变为设计电脑如何自学习，从"人脑编码＋加快计算"模式转变为"建立规则、数据统计、优化选择"的模式，从授人以鱼走向授人以渔，从自作聪明走向大智若愚、以简驭繁。

找不到第一性原理，无法确定优先级，我们会进入跑题状态，以致聊天跑题，开会跑题，最后人生也跑题。

有一次，和一个朋友讨论问题，居然聊了十几个小时，信息是巨量的，但是聊完之后，却发现找不到核心观点或方法论，因为我们的聊天是跑题的状态。我们也经常参加一些两三天的大型研讨会，很多专家大咖轮流发言，本来想获取信息梳理头脑，但开完会之后感觉头脑更混乱了。因为很多嘉宾的发言是信息的堆砌，缺少核心思想，或者虽有核心思想却无法自证真实。当然，跑题最多的是领导，往往跑题了，自己还不自知。

我参与过一场激烈的关于假期出游方式的讨论，有人说飞机好，有人说高铁好，有人说自驾游好，有人说穷游好。热火朝天之时，某位一直没有发言的朋友突然离席了。大家说："你走之前先说哪个好？"他说："都很好，关键要看你去哪儿。去哪儿都不知道，还讨论什么？"他走后，大家突然沉默了。因为发现已经集体跑题了，都陷入自我求证的泥潭中，而忘了真正的目标。

某校的一个家长会，大家都七嘴八舌地分享着经验，主题是如何让不爱学习的孩子爱上学习，有的建议严管，有的建议家教，有的建议换学校，有的建议换老师，有的建议换同学，就是没有人注意到"学习的目的是什么，我们想把孩子培养成什么样的人，孩子自己又想成为什么样的人"这些核心问题上来。貌似没跑题，实际已离题万里。

说到底，极简主义的首要任务就是确定内核，发现第一性原理，要回归原点，否则就是跑题的状态。

管理学中的第一性原理是什么？管理大师德鲁克发现：最终有效的管理才叫管理。什么叫有效？选择对的事情，然后把事情做对就叫有效。所以，有效的管理者一定注重贡献，重视贡献，才能使管理者的注意力不为其本身的专长所限，不为其本身的技术所限，不为其本身所属的部门所限，才能看到整体的绩效。同时，也才能使他更加重视外部世界，只有外部世界才是产生成果的地方。

我有一次碰到一个棘手的家庭任务，需要在15天之内完成一套二手房的装修改造。这个任务分为五件事情：一是重新区隔，二是地砖改地板，三是厨房卫生间改造，四是门窗改造，五是装修后零污染适合母婴居住。咨询了所有一线装修公司，答案是一致的——不可能！15 天远远不够，最少需要 30 天，而且价格高得离谱。当我发现无法用装修公司之后，我决定自己来做。

仔细研究了装修公司所说的各种不可能，我发现问题主要集中在四点上：第一，地面改造涉及地暖施工困难，还有风险；第二，五项工作平均每项需要一周时间，所以 15 天完不成；第三，施工结束后，家具设备厂商才能入场；第四，无法找到零污染材料。

虽然我没有做过装修，但我教过德鲁克的管理学，当我们盯住结果、重视贡献的时候，我们就不为我们本身的专长和技术所限了。问题需要一个一个攻克，第一个问题我请教了一位市建的专家，确定了手工撬砖加自流平水泥找平的方式，家人中有高级技工，马上请到现场，自制工具，问题解决；第二个问题，多项工作平行进行即可，保障两到三个施工队同时在现场，形成连班作业，甚至工人不干的时候，我们就亲自干；第三，认真研究施工与家具设备入场的结合点，保障区域施工结束后即可入场；第四，寻找建设儿童医院级的环保材料。

结果是 4 天后施工完成，11 天后水泥干固，第 15 天现场收尾。成本是装修公司报价的 20%。一个外行，也可以实现内行都觉得有挑战的事情，核心就是选择对的事情，然后把事情做对。

去除那些不创造价值的环节，去多存一，去伪存真，第一性原理才会被发现。这样的案例比比皆是：达尔文发现了自然选择，亚当斯密发现了经济学里那只看不见的手，而纳什先生又提出了博弈论的真知——人类追求个体利益最大化的时候，同时也在追求集体利益最大化，这正如先贤所崇尚的："子钓而不纲，弋不射宿。"这都是第一性原理。

一个医生，最开始觉得世界上的病真是太多了，而从医时间长了，就会发现世界上其实只有两种病——指标高了的病和指标低了的病。

一个战士,最开始觉得战场混乱复杂,瞬息万变,时间长了,会发现打胜仗只有两个任务——消灭敌人和保存自己。

一个国家的第一性原理是什么?起起伏伏三上三下的邓小平同志,最终总结出的第一性原理是"实践是检验真理的唯一标准",并用它指导了中国的改革开放。

世界的第一性原理是什么?就是去除不创造价值的环节。

4. 从无印良品看极简主义设计

无印良品是日本的一家企业，以品质和设计取胜。在日本国内，更是被称为业界神话，年营收一度超过 1000 亿日元。而这当中，极简主义精神的运用功不可没。

首先我们来解读一下它的品牌——无印良品，居然是没有牌子的好东西的意思。在日文中，无印的意思是没有花纹、记号、标识。无印良品的艺术指导原研哉说："这个世界上，我们用的东西只有两样，一个是棍子，一个是碗。"棍子的特点在有，碗的特点在无。戏剧性的是，无印良品提供了大量的"有"，而用了一个"无"的品牌，以至于"无以观其妙，有以观其缴（细微之处）"。也只有大师级的人物才能把没有的品牌做得如此有品牌。原研哉在他所著的书《设计中的设计》中直接指明，我们的设计有时会是一个"有为"的行为，不论设计的、摆放的、呈现的都是手段，真正的目的是让"无"呈现出来，这就是设计。

"无印良品"这四个字中国人极易理解，这种简约又围绕着它自己的美学气质下了功夫，删繁就简，一素无敌。这种美学气质，实际上也是日本国民的整体气质，再往上追溯，其实就是中国的禅文化。在中国，禅文化始终停留在文人圈，或者在一些世外高人的生活中。而在日本，它已经成为一种普遍的生活哲学。具体到无印良品，无论是它对材料的选择（天然）、颜色的搭配（纯白）、包装的风格（简约）、构思的取舍（简单）、设计的灵活（小巧）等，都处处体现着极简之风。

如果我们把眼界再放大一点，从北欧到美国，从日本到中国，从实业界到艺术领域，从生活到文化，我们会发现，极简主义正在成为一种趋势。小到你家里的一套餐具，大到一个社区，再到手机界面、笔记本电脑的外观、书籍的封面、网站的视窗、App 应用，再到你的床单、窗帘、服装、妆容，都在极简主义着。同时，也都在与过去的那种巴洛克式的奢华、让人恐惧的密集等，做着毫不客气的断舍离。用专业的话说，这是禅对繁文缛节的胜利，这是德国风格对意大利风格的胜利，这是新感观对旧美学的胜利。

不妨讲讲著名的哈勃望远镜。有人会说，这么精密复杂的仪器，总不会极简主义了吧？总不能随随便便断舍离吧？没错，即便是在科学领域也刮起了极简主义的风。当年哈勃望远镜发射升空后，发现存在重大缺陷，看不清太空，变成了哈勃近视镜。眼看成千上万人的努力就这样化为乌有，一位负责人竟因为过于内疚，患上癌症去世了，毕竟是 17 亿美元的损失呢！在这种情况下，曾任美国航空航天局天体物理学部主任的查理·佩勒林博士临危受命。最终与他的团队成员们，找到了原因，并努力修复了哈勃望远镜，从而获得了国家奖章。在表彰会上，博士笑称"其实这就像我去朋友家做客，打坏了她心爱的杯子，由于把杯子修好了，反倒获得了奖励"。然后，他把解决问题的关键点归结为团队领导力。博士指出，在传统的领导力研究中，一些优秀的领导力要素居然有上百项之多，但作为一个物理学家，他不能容忍这么多干扰要素存在。于是，他决定简化它们。当他把相关要素从 200 多项简化为 60 多项时，很多社会学专家都很吃惊；等这些要素进一步被简化为 30 多项时，他们已经叹为观止了；

不过，博士还是觉得太多，并且想起了自己的导师说过："这个世界有好多说不清的事情，可以通过增加维度来解决——一个横坐标，一个纵坐标，两个维度，四个象限往往就可以解释清楚。"于是，他开始寻找这两个维度。最后，在荣格的心理学中，发现了决策维度和信息维度两个维度，由此形成了四个象限，每个象限里集合两种行为，总共形成了8种领导力要素，他就用这8种要素解释了哈勃现象，并创造了4D管理法。

我有幸参加了博士的课程，上课的时候他还说："8个我都觉得多，真想把它简化为4个，但是我的能力就到这里了。"这真是个大道至简的极佳案例，也是一个去伪存真的案例，让很多以掌握几百个领导力技巧为荣的专家们汗颜。

恰如德国建筑大师密斯·凡德罗所说，"极简主义之所以具有普世性，成为流动的时尚美学，在于这个物欲横流的时代，各种新鲜事物不断冲击着人们的敏感神经，从而带来思维信息方面的极大负担"。科学分析亦显示：人的大脑皮层，对于复杂事物的接受度要远远低于对简单事物的兴趣。用极简主义者的话说，就是"少即是多，多便是罪恶"。只有去掉那些不必要的多，精简你的生活，才能最大限度还原你的生活品质。

中国的筷子，就是一种极简主义的设计，如此简单的两根木棍，却巧妙应用了杠杆原理；同时，通过历代知识分子的演绎，让它还包含了很深的文化含义：筷子是两根，却称呼是一双，一是太极理念，双是有阴有阳；筷子一头圆，一头方，代表的是天圆地方；我们用圆头夹吃的，代表民以食为天；筷子的标准长度，七寸六分，代表人有七情六欲，吃饭是修炼，要管好人的七情六欲；筷子在夹食物的时候，一动一静，动静结合；拿筷子的时候，大拇指、食指和中指代表着天地人三才之象。这就是中国人的极简主义智慧。

中国的五行也是一种大智慧。

金木水火土五大属性包含了相生相克的道理：金生水、水生木、木生火、火生土、土生金；金克木、木克土、土克水、水克火、火克金。每个人、每个事物都有一种本体，古人把这种本体称为"我"，而每个"我"都会偏重于一种属性。当以"我"为中心时，生"我"的属性有利于决策，"我"生出的属性有利于策划，克制"我"的属性有利于管理，"我"克制的属性有利于发展，和"我"一样的属性有利于团结……天时、地利、人和，都可以在无形的变化当中找到规律，不得不令今人叹为观止！

未来，希望有越来越多的极简主义者参与进来，让我们在领悟世界各民族优秀文化与美学真谛的同时，缔造与享受更为简约的哲学生活。

5. 从外在的稳定感到内在的稳定感

稳定，是我们这一节的关键词，也是人这一生的关键词之一。

如果你问自己的父辈，最重要的是什么？他会告诉你：稳定。年轻的我们以为，我们和父辈不同，但有朝一日，我们的子女也会认为，他们的父辈最关心的还是"稳定"。

表面上，人想要高薪巨富，豪宅豪车，实际上也是源于内在对稳定的需求。因为从一定程度上来说，最初一个人内在的稳定感，天生地需要外在物质来支撑。就像一个吃奶嘴的孩子，贸然拿掉他的奶嘴，他会哇哇大哭，痛苦异常，因为奶嘴带给他稳定感，你拿掉奶嘴就是拿走了稳定感，他就会感觉极不安全。人长大了，奶嘴变成了工作、存款、房子、车子等，对稳定的感知，是通过拥有物质的多少来判定的。社会大众也是通过奶嘴的多少来评价一个人的地位。在不自知的情况下，物质悄悄地与自我挂钩，倾向于利用物质来展示自我，具体表现形式就是不断地"晒"——贵重品、美食、艺术、健身、宠物、身材、面值……能晒出来的，一个也不落下。层次高一点的强调品位、格调、体面，把内在修养物化。这看似是一个自发的自娱自乐的过程，其实不然，其最内在的需求还是稳定。

这下我们终于醒悟，我们为什么总希望拥有得更多了，因为越多越稳定。失去稳定感是很恐怖的一件事。很多大富之人或成功人士，猝然跌到人生的低谷，尤其接受不了。我一友人年过四十，在互联网大公司做高管，异常努力，并广泛投资，但努力的背后不是要多成功，而是因为深深的恐惧，怕失去的恐惧。这种恐惧我也体会过，那时企业坠入谷底，稳定感险些崩塌，有时候羡慕路上的乞丐，怡然自得反而没有恐惧。当人没有什么可失去的时候，反而获得了稳定感。如果你去东京，晚间看到很多流浪汉不要感到意外，他们拒绝政府的帮助，露宿街头的目的也是一种稳定感。你虽然拥有乞丐不可能拥有的东西，却依然感到不安，还要通过获取来增加稳定感，这也许就是人总是需要拥有更多的原因吧。

有的人对拥有还不满意，对拥有的过程也是要求很高，比如买完了衣服，穿在身上，美在心里，就好了吗？很遗憾，还没有，必须实现高性价比，来实现完美自我的稳定性。买之前就不用说了，左三圈右三圈，从东城到西城，从线下到网上，从京东到天猫，尽管某网说了，上某某，"就购了"，他不行，他还得看看苏宁。好不容易买完，总算可以收兵了吧？不行，还要到别的地方去看看，看自己到底是不是买亏了。如果一逛之下发现真的买亏了，马上就郁闷了，内心的稳定感碎一地。我有一段时间对购买电子设备，就是这样锱铢必较，为节省几块钱而欢呼雀跃，又为买贵几块钱而大骂卖家狡猾，后来居然出现选择恐惧症。直到有一天突然想明白了，"这是多么不划算的一件事啊"！本来得到一件新东西应该感到开心才对，可是，仅仅是因为这件东西有点贵，哪怕是可以允许贵那么一点儿，就会郁闷，而且一郁闷就化解不开，得到这件东西的喜悦，早就没了影子。所以，从过程中获取稳定感是自讨苦吃。

明白了这种自我矛盾，也就放下了。如今很多人进化到既懒得逛街，也不愿花时间上网去比来比去，买贵一点也没关系，尤其是自己喜欢的东西。比如在下喜欢书，喜欢培训课程，喜欢与学习有关的东西。今天订购一门在线课程，只是因为我确实需要它，我在意的是价值，与钱多钱少没有太多关系，就算别人告诉我这个东西在别处买很便宜，我也是一笑，并赞美对方的高明，之后依然故我。尽管不符合大众的逻辑，事实上，是不希望这些外在的东西影响内在的稳定感，因为贵贱与我的智商无关，但计较花费我太多精力，还不如做点有价值的事情。

再谈谈一个人人需要，但又特别不稳定的东西——快乐。周国平说过，"做人，快乐是天经地义"。汉语的"快乐"这个词很有意思，乐都是很快的。买一件衣服快乐两小时，买一双鞋快乐两小时，买一个玩具快乐两小时，吃一顿大餐快乐两小时，看一部电影快乐两小时，开一个 party 快乐两小时……然后又回到不快乐。怎么办？寻找更多的快乐！

可见依赖于外部条件的快乐，是单一的，短暂的，也是容易上瘾的。任由发展，网瘾、毒品、滥交都是异化的快乐工具，天经地义的本能让人坠入其中，无法自拔。表面上是追逐快乐，本质是被快乐奴役。

如何将短暂的、最终仍是不快乐的快乐，变得丰富而持久呢？答案就是，"找到不依赖外部条件的，自己能够创造的快乐"。我称为打造"快乐生成机制"，要实现一共走三步：

第一步，将外在稳定转化为内在稳定。

所谓不以物喜，不以己悲，练心是关键。装富那么多年了，也可以装装穷嘛！聪明那么多年了，也可以傻傻如许三多嘛！有意识地逐渐降低对物质的依赖和他人的评价，因为人在多大程度上不依赖于的物质，不依赖于他人的赞扬，就能在多大程度上获得自由。穷人不自由是因为物质匮乏，今天我们不自由，是因为缺少意义和精神追求，导致心灵被物质绑架。物质提供的是外在的稳定，精神则是内在稳定的源泉。《论语》讲贫而乐，富而有礼。什么意思？就是学会穷开心和干过瘾，这是老祖宗教给我们的秘籍。内在的格言、座右铭、墓志铭是内在稳定的秘籍。内在稳定了，就有"足"的感觉，继而会有"常乐"，这就是"知足常乐"。

第二步，感知能自我创造的快乐。

如果一定要依赖某种快乐，就依赖自己能创造的快乐。有人说哪有啊？用心感知肯定能找到。很多朋友喜欢长跑，是因为跑到一个节点之后，长跑者浑身充满快乐，身体自动分泌快乐激素——内啡肽。不长跑的人是很难感知到的。其实，任何中高强度的体育锻炼都会分泌内啡肽。所以，别说你没有快乐，生活中缺的不是快乐，而是用心发掘。本书最后附有六个练习，第一个练习就能大幅提升人感知快乐的能力。快乐时我们唱歌跳舞，反过来，歌唱与舞动也提升快乐，你没发现那些打太极的人都偷偷乐呢！团体唱歌舞蹈时会分泌大量内啡肽，所以别小看那些跳广场舞的大妈，她们的快乐激素正奔涌而出呢！养花养草，观察入微，是体验快乐的窗口；读书、思考、艺术、写作，更是心灵快乐的大道。有朋友问我，其他好理解，写作不是很苦吗？还谈得上快乐？其实这位仁兄得的是"作文考试后遗症"。我也曾长期患有此病症，因为本人是小学、中学作文课的垫底之王，为此上大学时忙不迭地选了理科，所以直到四十岁之后，才敢动笔。真到书写的时候我突然发现，原来写作也是一件很爽的事情，怪不得心理学家把"写作"作为疗愈的有效方法。王烁曾说，"当你用第三人称书写自己的故事时，即便是不幸的事情，笔下和自己对话，注意力转到写作，促使心理免疫系统机制开启，悄悄在潜意识后台开启，疗愈生效"。美国小说家斯蒂芬·金，就是在车祸后，生死之间，忍剧痛写出了半自传体的《谈写作》，结果人居然康复了，顺便还写了本名著。所以，书写快乐与悲伤，你的潜意识都会开启幸福的大门。我在写本节时，就明显感到很开心。所以，有什么坎，写下来，有什么乐事，写下来，这就是"乐此不疲"。

第三，成为快乐的源泉，滋养身边的人。

正如孟子的主张，"独乐乐不如众乐乐"。我觉得那些特别会吐槽的人都是人才。比如，演员李诞借着一棵树的段子，让观众乐得不行："我梦到了我成为了一棵树，狗在我脚上撒尿，鸟在我头上拉屎，谁喝多了都吐我一身。某天，树下长出了一朵小花，我愿意为她遮风挡雨一生一世。春天来了，小花授了别的小花的花粉，结满了种子。树长满了郁郁葱葱的绿叶。"这个段子让我乐了好久。不是这棵有点绿的树让我们快乐，其实是作者的创作让我们快乐。为什么有些人即使在艰难困苦之中，仍拥有人类最高级的快乐呢？就是因为他成为了他人快乐的源泉。我去过一个提供临终精神关怀服务的公益组织，每个人都那么开心和快乐，我感叹道"只有快乐的人才能干好这个工作"。一个年轻人却说："正好相反，我们来到这里才获得了快乐，每当和那些临终的老人讲故事，讲笑话的时候，你就会发现，原来你帮助别人开心时，自己也特别的开心！"这就是"助人为乐"。

古语有云，人乃万物之灵，但只有那些内在稳健，开启"知足常乐、乐此不疲、助人为乐"的快乐生成机制的人，才能够拥有自己的精神王国，才有可能放飞自己的心灵。一个专注精神生活的人，也需要外在的物质，但不那么斤斤计较，死乞白赖。对他来说，物质太多会花费掉太多精力管理，精力要用在更加重要的事情上面。精神需求高的人，内在稳健，很少的物质就能使他满足；精神需求低的人，依赖性高，再多的物质也不能使他满足。

此外，这些看清物我关系的人，往往还会拥有比常人更多的选择权。因为他们内在的稳定感，让他们更容易看清这个复杂社会的主脉络，这就是苏洵在《心术》中所说"泰山崩于前而色不变，麋鹿兴于左而目不瞬"的为将之道，这就是毛泽东"不管风吹浪打，胜似闲庭信步"的人生从容。镇定从容，才能让人与最有价值的事物融合，天然地成为极简主义者。这，正是智者的表现。

6. 极简主义就是释放你的内存

极简主义就是释放你的内存——怎么理解这句话呢？

我们不妨把自己想象成一台电脑，或者一台智能手机——

一个人学富五车，可以说 CPU 强大；

一个人家财万贯，可以说硬盘海量；

但一个人学富五车而怀才不遇，家财万贯而败个精光，我们就可以说他内存不足。

简单说，一台有超级 CPU、超级硬盘但内存很小的电脑，仍然是一台糟糕的电脑。内存对我们到底意味着什么？内存本质上就是认知水平。禅宗有一指禅之说，坊间也有"金手指"之说，我们的电脑内存，恰好也有一个导电片组件叫"金手指"。而这里所谓的"金手指"，是指实际的输出，是点时成金的效果。这种效果的背后是具体的、综合的、精妙且简约的认知，而不是臃肿杂乱的知识体系。诸葛亮说很多人"笔下虽有千言，胸中实无一策"。他所说的策，就是具体的解决办法，就是直指要害的金手指，是我们认知水平的真实输出。

内存的常见问题有两个，第一是内存不足，第二是如何释放内存。

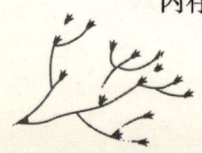

所以，在释放内存之前，首先要解决内存不足的问题。为什么有人遇事总没主意？因为内存不足。你看看古代的谋士们，遇事马上就能给出上中下三策，而且会告诉你，历史上的某某某遇到过你类似的情况，只要如此这般就能保全了性命，或者如此那般就会误了性命。比如，《三国演义》中的"荆州城公子三求计"，诸葛亮只说"公子岂不闻申生、重耳之事乎？"刘琦基本上就明白了。CPU强、硬盘大没有用，关键是程序调用要准确及时，内存要足。如果刘琦在遇到生死大事而茫然无策的时候问诸葛亮，诸葛亮想不出办法，只说"贤侄，且让我来清理一下内存"，其结果只能是换人了。

苹果手机的最初成功的原因之一，就是把手机内存直接加到了与台式机一样的大小，今天的智能手机内存容量甚至已经超过了一般台式电脑。手机如生活，操作方便的手机界面，是因为有复杂而强大的后台系统。很多人想过简约的生活，要知道界面越简约，后台要求越高，内存就要越大。

内存够大是不是就万事大吉呢？还没有！不管内存容量多大，你都会发现手机越来越慢，其元凶就是可以用的内存在减少。释放内存就是把不可用的内存转化为可用的内存，这样才能更好地运行当前重要的程序。释放内存就是要腾出些空间来，腾出的方式就是关闭后台运行的软件，保障正在运行的软件。万一释放不出来，轻者，你就要放弃功能，只能用它接打电话、发短信了；重者呢，手机就死机，变成砖头了，只能重启手机强制清空内存。当然，很多人的选择不是释放内存，而是买一部新手机。然后呢，越用越慢，最后死机，然后再买一部新手机。一位酷爱换手机的朋友看到我用了四年的手机很诧异，问还能使吗，我说好用得很，比你那新手机不差，只要时常释放一下内存，就会快如闪电，何必换新的呢？

人也是一样的，为了流畅运行人生的程序，就要学会经常释放空间，否则，轻者也会功能削减，重者同样死机，而人生重启，不比手机，代价极其高昂。当然也有人直接换新，新房子、新车子、新爱人，只不过换来换去，早晚又死机，最后，要么人生迷茫，总在问"为什么呢"；要么，精神大条，总结出"人生不如意者十之八九"的感叹哲学。

除了没能清理内存，手机和电脑瘫痪死机还有另一种原因——中病毒。

病毒是一种程序，这种程序往往在后台自动运行，不断侵占你的CPU和内存的资源，直到耗尽死机为止。被病毒入侵的过程其实是很隐蔽的，不知不觉间就中了圈套。我们为什么会中病毒？祸从口出，病从口入，认知中毒是系统出了问题。以电脑为例，大部分人开始用电脑，一般都是Windows系统，后来很多朋友开始用苹果电脑。他们的理由很简单，苹果电脑很少中病毒，也不需要安装任何杀毒软件。原因是什么呢？这是因为Windows系统和苹果系统都可以安装大量的操作程序。但Windows系统是开放的，苹果系统是封闭的，安装软件经过严格审核。针对病毒，Windows的开放接口只提供报警功能，属于事后管理，为了防止病毒大规模爆发，经常还要做一些普查工作，不管是报警器还是普查工作，Windows都要请第三方服务公司来做，系统资源又被额外占用了；而苹果系统的接口审核更像一条看门狗，虽然开放性不如Windows系统高，但它是事前管理，也不需要大规模普查，而整个系统的监管工作是自己开发的，系统资源不会被单独占用。同时，Windows系统由于过于开放，经常导致大量软件同时调用系统，产生大量垃圾，把系统拖得越来越慢。所以，很多用过Windows的人，都不得不学会一个技能叫"重装系统"。而苹果系统接口审核严格，软件调用系统资源需要被系统批准，即便运行大量软件，也不会产生过多的垃圾而拖慢系统。所以，用过苹果系统的人基本不太懂得怎么重装系统，因为不需要。

我们的头脑也经常被病毒入侵，甚至非常理性的人也会被入侵。有时候你

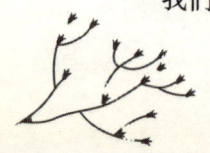

很惊讶，某位理性的人居然会突然相信了某种"神奇的东西"，而且不管你怎么劝说，都一意孤行。很多被骗的人回忆说，"当时脑子是蒙蒙的，仿佛不听自己的指挥"，形象地说明了骗术其实就是一种病毒，成功地侵入了你的大脑，夺走了你的指挥权，污化了头脑，为他人所乘。

入侵并污化一个人的大脑，可以有三种方式：

第一种方式叫路径依赖。

比如，对英国两代出租车司机的大脑进行研究，科学家发现，新一代的出租车司机的脑皮层沟回变浅了，本质原因就是过度依赖 GPS 导致的。在没有 GPS 的年代，人们要靠自己的头脑去记忆路线，有 GPS 时就不用去特别记忆了。由于用进废退的原理，导致了人脑皮层沟回变浅。这种路径依赖会让我们在没有 GPS 的时候，已经找不到路了。我们简单地认为 GPS 比我们的选择更好，但事实并不常是这样，偶尔尝试不用 GPS 走一条自己比较熟悉的路，你会惊奇地发现，你的选择比用 GPS 可能更好。

第二种方式叫经验依赖。

很多人认为耳听为虚，眼见为实，其实眼见也未必是实。例如，有一个人十次准确地预测出你的股票涨跌，你是否会把自己的资金委托他来炒股呢？这就是常见的股票骗术。为什么一个人十次都能猜对呢？原因很简单，他同时向 1 万人发消息，通知一半人股票要涨，通知另外一半人股票要跌。于是，第二天他会损失一半人，但也会留下 5000 人继续等待他准确的预测。然后，他再通知一半人股票要涨，一半人股票要跌，如此十次，还会剩下十个人。而这十个人，被十次准确得可怕的预测给惊到了。于是，他们拿出自己的财富，交给这个骗子，因为他们相信眼见为实，这就叫作经验依赖。刻舟求剑、守株待兔的人都不是傻子，都是曾经成功的人。但如果他们对自己成功的归因过于自信，就会让病毒成功入侵自己的大脑。

第三种方式叫科学依赖。

在没有互联网的时候，电视是我们了解世界的主要途径之一。当时有一个牙膏厂商，不断地在做一个广告，广告中有全国牙防组站出来推介这款牙膏，而全国人民看了无数次这个广告之后，直到很多机构都在努力寻找这个全国牙防组的时候，才发现这个全国牙防组，竟然是由五名退休人员组成的非正式机构！人们努力相信的科学，很有可能是一种伪科学。破除迷信，相信科学，是我们一直喊的口号。迷信好分辨，那你相信的真的就是科学吗？

出现伪科学最多的地方，就是化妆品和药品。如果说有一个行业自古至今都没有太大变化的话，它就是化妆品行业。古代也有化妆品，效果也不比今天的差，无非是现代厂商们懂得利用诸如"神奇的功能，权威的验证，大众的口碑"等传媒手段，从而使消费者形成一种使用依赖。而每每出现问题的时候，化妆品行业又能发现新的解决方案来弥补之前的问题，再发现问题，再弥补，无限循环，依然使用依赖，直到今天。再看药品与保健品行业，这么多年不管中医西医，都在提及身体的酸性碱性，仿佛碱性的身体能让我们长寿，酸性的身体能让我们短寿。信酸碱性原理，大家就应该少吃肉，少喝酒，少抽烟，听上去也非常科学，在大量数据论文以及专业机构背书之后，人们更是确信无疑。但是，最新消息却爆出：这是20世纪最大的伪科学！当事人要接受巨额罚款。还有一位我认识的年轻人，在春节回家时，向自己的老人宣告，他们所吃的保健品都是伪科学。全家人非但不信，还把她赶了出来。由此可见，大脑入侵是一件多么可怕的事情。

防止头脑中毒，一个好的办法就是加强接口审核，审核我们的思想，审核我们正在相信的东西，"吾日三省吾身，则智行无过"嘛；美国著名的投资家瑞达·里奥在《原则》一书中提出一个方法，即在每一次工作之后都做书面总结，客观看待每一次成败，细思都是符合了哪些原则，违反了哪些原则，发现了哪些原则。让自己的头脑保持理智，并且绝不把自己头脑的接口开放给病毒。

现在可以给出结论了：要扩大你的内存；要卸载、退出不必要的程序，养成释放内存的好习惯；要防止病毒入侵。认知水平越高，越知道在头脑里装什么，卸什么，防什么；认知水平越低，越是什么都留着，连病毒也不杀，以至于机器越跑越慢，最后死机。

总之，内存不够用咋办？极简主义呗。说白了，人生即内存，众生平等，不多不少，就看你怎么用了。

7. 用区块链理解极简主义

现在什么技术或者概念最火？大数据、区块链、云计算、人工智能。其中最大起大落的便是区块链技术。之所以这样，不仅仅在于它的金融属性被大众熟知，是因为这东西居然能"炒"。于是大家一哄而上，很快百亿蒸发，千币归零，上演着过山车的游戏。只是区块链技术本身包含的新认知、新思维，对于我们这个时代具有的穿透性被忽略了。

区块链的技术复杂与否，我这外行汉就不班门弄斧了，而是着重介绍它的三个特质：信任、增量与去中心化。很巧，极简主义也极看重这三个特质的背后机制，即本质、价值、道。

先说信任。

区块链是什么？名刊《经济学人》对它的定义就是"信任的机器"。货币是干什么使的？是为了价值交换。价值交换的基础是什么？是信任。化繁为简，货币等于信任。没有信任，我们就无法进行交易，为此我们建起了银行、法律、政府等第三方，为的就是搭建起信任的桥梁。但是，当第三方也不值得信任，或者虽然值得信任却必须付出昂贵代价时，又该怎么办呢？区块链应运而生，它为解决信任问题而被发明出来，并且将信任成本降到了趋近于零的超低程度。

无论你身在城市乡村，还是国内国外，只要你能上网，只要你能触发相应的智能合约，成交马上开始并且马上结束。同时，所有链上的计算机都会对这笔交易做记录，谁也无法伪造。所有的陌生人对所有的陌生人负责，这就是区块链智能合约的逻辑。这其实是契约精神的核心。只不过在链上，换成了用机器与代码解决信任问题。

你也可以这样去理解，区块链其实只干了一件事，就是交易的本质——信任。剥丝抽茧、化繁为简，区块链解决了信任问题，性质极简，却造就了极大。然后，区块链就变成了一个巨大的现象级的经济事件，各国都相继要立法与之相处，而发明人至今也神秘莫测。即便是巴菲特也必须承认，信任是交易的本质。不过，股神巴菲特相信的是法币，在股票和法币之间，他最终会把股票卖掉，换回法币。而区块链的链客相信通证本身就极具价值。有价值就要持有，正因为这样，比特币才会一度涨得超乎所有人的想象。

老子说，道生一，孔子说，吾道一以贯之。区块链也许就是找到了交易中的那个"一"。极简主义的目的就是要发现那个"一"，并以此构建世界。放弃表象，回归本质，是我们的第一个启示。

再说增量。

在这里，我想讲讲刚刚火起来的 STO，（Security Token Offering，证券型通证发行）。据我认识，STO 其实是以美国为代表的一些国家的"应激反应"。由于新生的通证经济难于监管，只能尝试将它纳入传统金融监管体系。2017年7月美国证监会 U.S SECURITI AND EXCHANGE COMMISSION 进行通证市场监管，自己却没有相关经验，便借用美国现行证券法，能管的叫"证券型通证"，不好管的叫"实用性通证"。这就是 STO 的由来。

有人说，STO 是区块链时代的 IPO，这话说到了点子上。因为之前的 ICO 几行代码一份白皮书就行，完全飘在空中。而 STO 把飘在空中的 ICO 强行拉到地面，方法是必须对应资产与资本。这样资产就有了门牌号码——"标记"，而且永远真实，而标记有了资产，不再是一串虚无。

我们的社会上有很多沉没资产与资本，全球股票资产价值约70万亿美元，债务约100万亿美元，房地产约230万亿美元，而沉没的资产相当于负债，但通过STO把它们打捞起来，它们就重新成为了资产。这就好比社会这艘大船上原本有10件商品，但其中几件不小心掉在了水里，因为没有标记，就找不到了，沉没了变成损失。现在好了，所有商品标上印记打上密码，掉水里的也能打捞起来，原本沉没的商品回来了，资产增多了，我们都在一条船上，大家的财富都增长了。

对应极简主义，说来也很简单，那就是要尽可能地确保生活里的每一个内容和活动，都被标记与评估过，并按照某种价值标准进行排序，尽量选择排在前面的，让沉没的复活，让复活的重组，让重组的提供价值是我们的第二个启示。

最后说去中心化。

"去中心化"概念变成流行词语后，人人心里都有一个自己的去中心化。很多乌托邦技术派期待，通过区块链技术求得绝对的自由与平等。还有些不明所以的人，不负责任地讲什么"区块链将颠覆世界"。先解释下什么是去中心化。在一个有众多节点的系统中，每个节点都高度自治。节点之间自由连接，形成新的单元。任何一个节点都可能成为中心，但这个中心不具备强制性。节点与节点之间的影响不直接。这种开放、扁平、平等的系统我们称为去中心化。

去中心化，不是不要中心，而是谁来选择中心。中心化就是中心决定节点，节点离开中心就没法生存。例如，拆除一个社区的商业网点，经营者就无法继续下去了。去中心化就是节点决定中心，任何人都是一个节点，任何人也都可以成为一个中心。例如，虽然被拆除了网点，但经营者可以在淘宝上开店而继续活下去。最后，节点们的行动准则，是一开始制定的可以信任的一致的规则。

所以看似自由，实则一致，最终形成无为而无所不为的状态。

中心化与去中心化，是这个世界的两面，绝对去中心化并不优于绝对中心化，去中心化固然会带来好处，也必然带来相应的问题。中心化对应的是权威，权威是一种需求，只要需求在，权威就不会消失。就如人们需要私人医生，但也更需要一个中心医院。人们需要创业，但也需要人力与技术密集型企业。人们爱自己的家乡，但也希望来北上广深。同样，去中心化也是一种需求，何况区块链也不是不要中心。

在这里不想过多展开，只看其延伸意义，那就是在极简主义的生活里，每一个时间，每一个地点，每一个东西，都是一个独立而自由的节点，本质上你不能过多决定它们的存在与消失。当我们开始尊重每一样事物的时候，我们开始离开"我"这个中心了，也许"我"只是这众多节点的一个节点而已。当人能够平等地对待这些节点的时候，节点们相互作用与结合，构成不同的中心，完成共同的工作。例如，中国历史中一直有朝堂、祠堂、学堂、中堂等活动中心，尽管中心在每个历史阶段都在变化，但相互结合，完成共同的工作，致使中华文明延续至今，直到中心化之后，局面才被打破。

结语时，我们放个彩蛋——最令人意外的事情是，去中心化组织的简称是DAO，就是"道"的发音，难道仅仅是巧合吗？

8. 从镜子思维到灯塔思维

所有的哲学、宗教的核心,都离不开两大内容:镜子与灯。

什么是镜子?镜子让人照见,看到真实,做出决断。

什么是灯?灯让你看清道路,判明方向,找到自己的第一性原理。

先谈谈镜子。

每一个人、每一件事物都与你有缘,都是你的镜子。在组成你的生活的同时,也映射出你是谁。

被子怎么铺的?梳妆台上放了什么?桌子上面是整洁还是凌乱?东西找得着还是找不着?是不是经常丢东西?这些细节,反映的就是你自己。有时候看似是整理屋子,实际上是整理自己。从来不整理生活的人,是不了解自己的人。

古人一直认为扫地是一门功夫。年轻时我不理解,"专业"扫地擦地二十年后,我明白了,扫地时,练的是心性,保持稳定的节奏才能扫好地,这时你会照见自己的状态、气息和心境。扫地后,你还会知道屋子最接地气的地方在哪儿,房间是怎么布局的,有什么障碍物,每个人的空间是怎样的,这个房间的主人是什么性格,怎样优化环境让大家更舒适,这些感知都是在扫地过程中照见的。如果打扫时路过一些照片，看到破损的地方，还能想起一些生活的故事——原来扫地是这么有意思的一件事，原来这就是"时时勤拂拭"的修行。

《心经》里观世音能"照见五蕴皆空"，我们常人难以达到这么高的境界，但照见五斗橱要收拾还是可以的。我们创造了生活，生活也反过来影响我们，心理学管这叫"具身认知"。

比如，我写作时原来总是拖拖拉拉，因为很难静下来，后来才发现是凌乱的桌面让自己难以静下来，所以，只须把桌子上的所有东西都清空，只留一台笔记本电脑，就能进入状态。现在又加入了久石让的音乐做背景，效率提高了好几倍。

再如，心理学有个实验结果，同样计算一道数学题，台灯下的计算就比室内灯下的计算要快和准确。再如，百货商场要把女士和儿童的服装放到高层，进入的路线和离开的路线不同，这样多爬几层，多走几步，再回到门口时，人们会多买一些东西。再如，货架如何摆放商品也是学问，顾客取货架上的物品时，你会习惯拿左边的还是右边的呢？答案是右边的，因为使用右手的人居多。所以，价格高的东西要放到顾客右手方便拿到的地方，便宜的东西放到货架的左侧。超市结算的地方会放上小饮料、口香糖等小物品，很多人会顺手拿上一个，看似是方便了顾客，实际是影响了顾客的行为。

有一个很有意思的心理学实验，年轻的你约会一个女孩，地点有两个，一个在大桥上，另一个在高空中摇摆的木板桥上，你会认为哪一种场景会让这个女孩更有魅力？答案是，在高空摇摆的木板桥上的女孩看上去更让人心动。人还是那个人，但你站在高空摇摆的木桥上时，肾上腺素会大量分泌，会心跳加速，甚至会出汗，而对面女孩走来时，你的所有感觉都会投射到女孩的身上，会认为这个人太吸引你了，让你心跳不止。

梁漱溟先生说中华民族是个早熟的民族，今天的具身认知，我们的先人早就研究出了一套实践经验,叫"环境心理学",俗称"风水"。今天我们不讲风水,只想指出人、环境和生理体验是相互激活的,我们高兴了就会笑,同样,先笑一笑,你也会开心起来。

断舍离为什么往往是从整理开始的,因为空间其实恰是我们内心的镜子。一个人如果进入了断舍离的状态,首先改变的是他的生活方式,表现出来的就是自己所处空间的改变。从这个层面上说,一个人所营造出来的空间,本质上是自己的头脑中欲望、恐惧和理性的布局。欲望与恐惧越多,你的空间就越混乱。相反,你的理性越坚定,你的空间就越能够进入一种断舍离的状态。所以,单纯地学整理术是没有作用的。因为整理术是一种技术,前提则是要有一种理性的心态,同时,整理术的价值也在创造一种环境,从而强化内在的理性。所以,没有理性支持的整理术,是没有内核的表象,持续不了多长时间。

事实上,风水也是要看的,同样,要想优化自己的"风水",就要先观察自己的"范式",通过观察,你会发现自己的盲区。

唐朝有一个非常贴合的典故,也就是磨砖成镜:

典故讲的是著名禅僧马祖道一年轻时志气可嘉,但只知道坐禅。怀让禅师认为他是个可造之才,只是没找到方法。于是拿了一块砖头,每当马祖打坐时,他就到旁边去磨砖。咔啦啦咔啦啦地不断磨,搞得马祖静不下心来,也很好奇,就问:"你磨砖做什么啊?"怀让说:"做个镜子。"我们知道,古代的镜子都是金属打磨出来的,砖头磨不成镜子。马祖当然也知道这一点。所以,他觉得老和尚很可怜。但怀让反过来问他:"你在这里做什么啊?""打坐。""打坐做什么啊?""成佛。"怀让笑着问:"如果磨砖不能做镜子,那么,打坐怎么可以成佛呢?"马祖这才知道自己走错了方向,此后谦虚地向怀让学习,终成一代宗师。

有一种提高阅读速度的练习,叫舒尔特方格练习,具体做法是在一个

10×10 的方格内，随机排列一百个数字，你要从 1 找到 100，在寻找的过程当中，很多人就会体会到，经常有几个数字你怎么都找不到，但这个数字明明就在你眼前，而且每一个数字你都熟悉无比，而你就是找不到它。那时你甚至会出现一种绝望的心情，就会有一种老天在跟你开玩笑的感觉，就会重新体会找不到东西的烦躁感。怎么办呢？其实你只需要闭上眼睛，休息一两秒钟，把自己的执着稍微放一放，再睁开眼的时候，你需要的数字就会跳到你的眼前。所以，有时候，我们需要放一放，观察一下自己的范式，用全新的眼光重新洞察一切，也许就会有新的发现。

有一次，我怎么都找不到自己的手机了，又由于马上要出门，让我很着急。我就向大家求助："我的手机你们谁看到了？"所有人笑嘻嘻地看着我，说，"你的手机不就在你的手上吗！"看着手上的手机，我心里一片茫然，真是近在咫尺，又远在天边啊！所以说，盲区不是一个概念，而是随时存在的事。

人为什么有盲区呢？是我们大脑当中有一种检索模式——选择性检索——造成的。举例来说，你跟一个人说十句话，他却只听到了两句，这就叫选择性倾听；我们打开自己的抽屉，找来找去都找不到眼前的那支笔，这叫选择性搜索；我们参加一个会议，在座十几个人，而我们怎么也想不起来其中的一两个人的名字，叫作选择性记忆。以上统统都是选择性检索。选择性检索帮大脑屏蔽了一些内容，减少无用信息，使我们不至于过于混乱，但同时也在我们的头脑当中形成了盲区。

再讲一个有关手机的故事。有一次，我居然又找不到手机了，当然，这次可以肯定手机不在手上。找遍熟悉的角落没有收获时，想到用另外一部电话拨通手机，循声觅物，手机是通了，但听不到任何声音和震动。这时，各种胡乱的念头开始出现，比如，手机是不是丢了？手机是不是被孩子拿去玩了？我不断地打电话，在家中各个角落里仔细听，很遗憾，还是没有找到。十分钟后，甚至已经确定是丢了,但当使用手机里的遗失定位功能时,发现手机还在屋里,这简直就是遇见鬼了。对,当我们对一些事情不能理解的时候,我们会把责任都归于鬼,但埋怨他人无济于事,我突然想起了舒尔特方格练习,难道出现了灯下黑的盲区现象吗?我闭上眼睛,观察自己的范式,突然发现,在寻找的过程当中,自动屏蔽了一些地方,我放弃了在同一个地方重复寻找的方式,去检查了我认为绝对不可能出现的地方。结果,手机果然出现在那里。

手机虽然找到了,但我也陷入了反思之中:因为先入为主,因为自我设限,在一个没有答案的地方,反复地寻找答案,这不就是我们人生的一个缩影嘛!我们的亲密关系、家族关系、工作关系,都是我们范式的体现;我们的家庭环境、办公环境,甚至于我们的书包、我们的车子,也都是我们范式的延伸。改变范式才能有新的收获,而改变从了解自己的范式开始。

古人讲,决断为智,照见为智。所以,断舍离就是"智"。让我们看到自己,并了解自己为何会是这样,什么能影响我刺激我,什么对我有利,什么对我有害。很多时候,很多东西我们放不下,很多选择我们做不出,也不外乎是我们自己给自己锁了一个心结。

有位女性专家说得好,女人总说自己没衣服,实际上她是衣服太多,以至于不知如何选择。

莎翁剧中的哈姆雷特说过,"生存或者毁灭,这是个问题"。这样的问题比比皆是,到处都是处在人生岔路上的人。比方说:我是该念研究生还是先当兵?我该选择现任还是前任?我该去这家公司还是去创业?我该买房还是继续租房……这些问题,都不宜简单作答。因为处境不同,情况不同,目标不同,选择也应不同。不过,这里可以提供几个有益的思考策略,或多或少能帮我们厘清思绪并找到方向。

比如,无论你怎么选,当你面临选择时,你选择的应该是能为你带来更多

机会的选项,而不是让你在未来选择变得更少的那个选项;

再比如,一般来说,尽量不要选择那个让你失去较少的,也就是说,不能一味地厌恶风险,要适当地在风险与机遇两者中间取平衡;

再比如,在面临抉择时,可以先问问自己:如果先把恐惧与担忧放一边,会选哪个?

如果自己仍然无法选,不妨问问自己:如果我是某某某,他会选择哪一个?等等。希望这些方法能够帮到你。

虽然断舍离为智,但它只是个手段,只是个过程。天天照镜子,会让我们面目清洁,但不会帮助我们达到目标。所以,除了镜子,我们还需要灯——极简主义之灯。

断舍离是镜子,极简主义是灯。断舍离是出发地,告诉你在哪儿;极简主义是探照灯,告诉你去的方向。断舍离是让人看得开,极简主义是让人看得到。前者不是为了断舍离而断舍离,后者也不是为了简单而简单。看开了,你才能看到那个偏执的,脆弱的自我,才能发现那些最重要的东西,才能判定重要背后的意义,才能看到你要去的方向,才能放下包袱,收拾行囊,走向远方。

断舍离和极简主义都不是目的地,忘记了目的,难免本末倒置。断舍离是让我们看到自己,看到我们那个无法用物质填满的内在空间。但是用什么来填充这个空间,让我们不再空空荡荡,没着没落?极简主义应运而生,让我们以终为始,思考人生中要创造的价值是什么。

我们不妨以鲁迅先生为例。我们看先生的作品,可知他早年因为父亲的病,小小年纪就奔走于当铺和药店之间,最终父亲还是误于庸医之手,他希望自己可以通过学习西医,拯救千千万万个像他父亲一样的病人。这个过程中,有没有断舍离呢?有,只是表现得不明显,那就是与中医划清界限。今天看来,这是值得商榷的。所以,即便是看待鲁迅先生这样的伟人,也要用断舍离的眼光看。人无完人,任何人都有他的知识边界和认知误区。那时候先生有自己的灯塔吗?可以说有,也可以说没有。直到在日本求学期间,在新闻片上看到有个替俄国军队当侦探的中国人,被日本军队抓住杀头示众,围观的是一大群中国人,不仅无动于衷,还拍手称快。这时他才猛然醒悟:改变积贫积弱的国家,靠治病不行,因为国民的病在脑子里,在思想上。于是,从事文学、文艺创作成为了他的灯塔,他毅然地与医学做了断舍离。

决断为智,择简为慧,能决断的人,有时未必能择简。比如杨澜,当年年纪轻轻就拿下了"金话筒"奖,这不新鲜;令人震惊的是,盛名之下,她做了断舍离,选择出国留学。用她的话说,自己能站在舞台的中心,是因为平台撑着她。而她自己,怎么看怎么发虚。这是明智。如今,已经获得了第二个"金话筒"奖的她说,自己很后悔创立"阳光文化"。要理解这句话,不能用名利,不能看她是不是站在媒体的聚光灯下来衡量。但可以肯定的是,"阳光文化"让她偏离了自己的道路,没能践行择简的智慧。

马云也说过,"最后悔的事情就是把阿里巴巴做得这么大",因为马云担心太肥胖的人不能长寿。在湖畔大学公开课上,马云确实羡慕过日本有152年历史却只有20平方米的蛋糕店,羡慕过伦敦在最贵的街上卖奶酪的老头。其实,凡是被中国传统文化浸润较深的人,大抵上都不满世俗对成功的定义。"你有什么,你要什么,你必须放弃什么",据说这是一位前辈高人对马云讲的。在2018年达沃斯论坛上,马云又一次提到:"聪明的人知道自己要什么,智慧的人知道他不要什么。"我想在后面做个注解,有智的人知道自己不要什么,有慧的人知道自己要走向何方。

9. 防止被极简播放洗脑

开始回忆往事，据说是人开始变老的标志。每当回想起那些令人感慨的事情，老人们不免要多说几句。正讲到动情之处，忽然发现儿女居然提前剧透，说出了故事的结局，然后再补充道："这故事您都讲了一百遍了！"这种碎碎念的唠叨状态，就是人生的播放状态。变老不可怕，可怕的是提前进入播放状态。

极简主义不是极简播放。

有人请你看一部经典获奖电影，你会感谢他；请你看第二遍，你会感慨志趣相投；请你看第三遍，你就会迟疑有这个必要吗？请你看一百遍，你就会痛恨这个人了。所以，无限循环的播放状态是恐怖的，并让我们的认知没有增量，只有存量。当然，谁身边都不乏进入了播放状态的人，只是我们有必要警醒，那个人是不是自己呢？

我有一位友人，有一段时间被企业生命周期理论 5w1h 洗了脑，与他的对话是极其痛苦的。你不管说什么，他都会告诉你：你说了 what，你还没有说 why，你少说了 when，你是不是还没有说 how；聊天结束时，他会提示你某人是 why 型的，某人是 what 型的，某人是 how 型的……一场友人对话演变为模型分析，尽管这个模型在处理个别问题时是简单有效的，但把它变成放诸四海的真理，就会引发无尽的争论。

做管理咨询的朋友恐怕都知道一个秘而不宣的行业秘籍，就是一个模型走天下。我曾经在施乐公司学习过三套模型：Buyer-Focus、Spadco、MFR。当时自我感觉做咨询顾问绰绰有余了，但后来发现，这种西方公式般的思维方式也会把很多的咨询师禁锢在一个模式下，即提前进入播放状态，而一旦进入播放状态，人的认知能力就停滞了。

领导们通常也是一种播放模式。全员大会上，在台上念稿子、照本宣科的，大有人在。现在有的领导水平提高了，不念稿子，开始念PPT了，其实PPT比念稿本质上还取巧，因为PPT在逻辑上更不严谨，内容之间也可以随意跳转，某个地方忘记了，耍个小花招也就蒙混过关了。

细思极恐，我们的成长过程当中有多少种播放啊！上学时老师照本宣科，工作时领导照本宣科，自己发言也要照本宣科，成了老师还要照本宣科，有很多专家多少年PPT都不改一张。我们阻止了自己的成长，也妨碍了别人的成长。

我认识一位领导，特别欣赏柳传志的三段式：搭班子、定战略、带队伍。但是自己没学好，变成了搭班子、买设备、开长会。于是，一有新项目，我们就知道他第一个动作一定是四处找人，第二个动作一定是买一大堆电脑设备，第三个动作一定是找一个山庄开上三天三夜的会。不出所料，他主持的项目成功的不多。

极简主义不是极简播放，好多人说话一套一套的，充满看似有能量的成功学断语，其本质就是鸡汤式的播放。播放就是洗脑。曾经有一段时间，某个企业邀请我讲一个内容，当我讲到一百遍的时候，我感到一种深深的恐惧，因为我已经开始相信我所研讨的内容是绝对真理了。于是，我放弃了这种播放的工作。播放让我们的认知停止升级，我们今天看到的很多老师，甚至名师，都是一种播放的状态，他们在自编自导自演的场景中，不断地为他人也为自己洗着脑。洗脑不是内容，而是一种形式。起码不是把你的意识清空重新装入一个内容，而是为你的头脑装入一种形式，强行让你的大脑处于一种播放状态。

在有些交通事故中，幸存者心理受到强烈刺激，但心理干预不及时，以致大脑停滞在事故发生时，幸存者会不断用语言重复当时的场景，人完全处于一种失智的状态，很多年之后才会被治愈。可以说，他的头脑在那几年中，被那一场交通事故洗脑了。

防止被洗脑，就要从主观回到客观。所以，极简主义就是从复杂回归到简单，就是从主观回到客观。

世俗说，人生要五子登科——房子、车子、票子、面子、孩子。这些都有了，似乎人生就是完美的，但你会发现房子越来越大，而住的时间越来越少，很多高级别墅里面的真正主人，实际上是保洁人员；车子越来越多，也越来越好，但你开不了几次，真正的主人实际上是司机。李开复曾说，"最糟糕的投资就是汽车，而汽车96%的时间都在停滞，是在降价的，是在折损的，只有4%有用的价值。而这4%的时间，我们在这其中，0.5%是在寻找停车，0.5%是堵在路上的，只有3%是真正在开车"。我也统计了汽车在自己生活中的使用情况，意外发现居然还不到4%。既然知道了，就要知行合一，于是，我把汽车也断舍离了。挣了很多票子总属于自己吧？就这问题，我问过很多人：挣到的钱花在哪里了？很遗憾，往往花在了没有价值的地方。

我们的主观往往是混沌的，是 VUCA 化的。VUCA 是商业界用来描述现实的工具，最早是美军训练战场指挥官的一个练习。

V 指 volatility，即不稳定性，本意是挥发性，指的是在每一刻每一个东西的状态都会产生变化，也可以理解为现实的世界瞬息万变。

U 指 uncertainty，即不确定性，指的是世界上不存在确定的东西，现在确定的事情，在下一秒也可能就不确定了，所以，我们往往缺少预见性。

C 指 complexity，即复杂性，指的是事情的构成要素很多，要素之间的联系也很多，以至于很难找到要点，抓住纲要。

A 指 ambiguity，即模糊性，它是导致误解的根本原因，我们没法简单地归因，世界如雾里看花，模糊不清。

世界是混沌的，即处于 VUCA 状态，试图在这种混沌的状态中发现秩序，就要先理解和接受这种状态，并从复杂回归到简单。所以，极简主义就是从复杂回归到简单。

首先，数量越多越混沌，学得越多越混沌。

儒学讲"学而不思则罔"，因为学就是一个不断获取的过程，数量很多却不整理，不反思，就会出现混沌，导致困扰。一个准备参加大考的学生书桌，通常就是一种混沌的状态，因为一定堆满了各种考卷、书籍、笔记、参考资料。

人也是越多越混沌。例如，两个人比赛打羽毛球，一方打不过的时候请第三个人帮忙，貌似赢的概率增加了，实际上失误的可能性更大。因为两个人合作会出现一种边界现象，如果羽毛球落在两人中间，要不撞在一起，要不没人去接。如果解决的思路是"人多好办事"，在两人中间再站一个人的话，情况就变得更复杂了。因为在每个人之间都会出现一种中间状态，于是，羽毛球场的一侧很快就站满了人，而这场比赛已经完全无法进行下去了。

今天的医疗产业，就是一个混沌值上升的产业。这就像你本来得了感冒，结果医生让你检查无数项目，最后还无法确诊而建议你住院观察一样，把简单的事情复杂化了。

今天的教育产业，也是一个混沌值上升的产业。比如学汉字，过去都是意理学，看形状，辨字义，先识文后断字；现在是形音学，先学汉语拼音，再学笔画，最后是只看其形不解其意，音读半边成了白字先生，结果导致中国人的汉字认读数量每况愈下，古籍经典基本看不懂，又是把简单的事情复杂化了。

今天的养老产业,也是一个混沌值上升的产业。言必及孝道礼义、家风建设,而不谈养老的责任主体,搞不清付费主体。看欧美与日本的养老,本质就是先搞清楚责任主体和付费主体,没有主体的产业是伪命题。很多忙着在养老产业里创业的企业必定血本无归,这又是一个把简单的事情复杂化的事情。

其次,越混沌越播放。

面对一个 VUCA 的世界,我们怎么解决呢?一个代偿性的做法就是播放,这是一种掩耳盗铃的方式,希望简单粗暴地应对这个复杂的混沌世界,通过这种自我洗脑也给他人洗脑式的播放,得到预期的结果,但得到的却是更大的混沌。

真正的解决之道有三步:第一步是目标,第二步是行动,第三步是共识。

第一步是从目标开始谈起。从人生的终极目的开始践行,也是极简主义所倡导的。一切的世界都是你眼中的世界,找到你的心,并顺服于你的心,才能实现"知止而后有定"的状态。当我们确定了我们的目标,我们就不再浮躁,就会安静而缜密地思考,所以"定而后能静,静而后能安,安而后能虑,虑而后能得",以终极目标为起点的行动,就可以开始了。这里谈的是儒家修行的核心步骤,我们在《活法、干法与玩法》篇中再详细展开。

第二步——行动,行动不是一个技术,而是一项原则。

比如我们学习下棋,想一万遍,不如找一个对手,面对一个棋盘,认认真真地苦战一番,则必有心得;

学习游泳,看一百遍演练,不如直接下水,真正地体验水带来的刺激,通过感官了解水的特性,在相互作用中快速学习;

想要当一个老师,学师范多年,不如直接上讲台,在紧张、自卑、不足的状态下压榨自己的认知,当真正面对学生时,最大的受益者就是老师;

我们学习写作,绝不是在人生经历丰富,准备充分之后开始,而是在一种极度的匮乏中坚持前行,强制自己去梳理自己的头脑,力透纸背之时理性的光芒就出现了。

第三步是讲达成共识。

达成共识是个艰难的过程。达成共识的第一个维度就是从混乱走向秩序。我们与他人对话的时候，也可以留意一下，混沌值是提高了还是降低了。和有的人谈话，越聊越糊涂，看世界更模糊、更复杂了，信心也变得更弱了，那么，建议你还是少跟这样的人对话为好；而和有的人沟通之后，混沌值下降，看世界更清晰、更简单、更确定，人也变得自信了，那就可以多约这样的朋友对话。

达成共识的第二个维度就是从认知存量走向认知增量。人脑就像电脑，我们的认知就如硬盘。电脑硬盘满了，好的照片、好的视频就不能再存储，好的程序也无法安装。这时，人们会买一块新的、容量更大的硬盘来替换之前的，人脑也是一样。如果我们头脑的容量是固定的，当它存满之后，我们就只能调用已经存在的内容了，我们就会把自己推向播放机的状态。那怎么增加我们的脑硬盘容量呢？办法就是不断产生新的组块化的认知结论。而要产生新的组块化的认知结论，最好的方式就是通过人与人的互动对话，产生新的结论。正如文章是改出来的，学问是被质问出来的，结论是对话出来的。这个对话既包括自我对话，也包括人与人之间的对话，同时也包括人与大众的对话。

比如写文章。我们想得再好，书写的时候也会卡壳，更会词不达意，不满意自己写出的内容。但写文章时，逻辑与理性会考验着我们的思考能力，有写作经验的人都知道，文章是改出来的，每一次修改，都试图得到新的结论。即便是本书，开始写作之前与结束之后，认知也发生了非常大的变化，这种改变是在无数次的自我验证、自我质问当中产生的。

真正的学问是被质问出来的。做老师的时候，有一段时间我非常害怕学生提问，因为学生的提问往往超过了我的认知存量，在有限的知识库里找不到答案的时候，是很尴尬的。于是用"课后再谈""没有时间"等手段推托过去，而导致失去了增量认知的机会。不管是多么高级的大咖，他在台上演讲的时候，都是认知存量，只要提问与质问，就会唤醒他的认知增量。提问与质问也是一重新解构的过程，通过重组以往的知识和增加新的内容，我们才能得出新的结论，让我们的大脑升级。

新结论也是对话出来的。学生时代曾经参加过一场辩论赛，主题是"妇女走出厨房对社会的影响弊大还是利大"。很不幸抽到反方——弊大于利，因为那个时代是一个过分强调男女一样的时代，利大于弊是共识。但为了探寻根源，我们走进了图书馆、北京市妇联甚至全国妇联，与经历过两个新旧社会的妇女代表进行沟通，才发现很多人的想法和主流是不一样的。每一个想法的背后，都更新着我们的认知，这些与主流观点相左的看法，最后构成了我们辩论的主要内容。在大量的事实、数据及证人证词面前，辩论的结果呈现一边倒的状态，辩论结束后很多老师和同学，表示尽管可能并不同意其中的某些观点，但今天的辩论让他们耳目一新。这也形成了日后我的针对性命题研究的方式，就是从正反两个方向，在逻辑层面、事实层面和价值层面三个层面进行比较分析，从而得出新的结论。

当我们有了新结论的时候，我们下一个任务就是如何把新结论变成新的共识。

共识有三种，第一种叫"伪共识"。当我们面对绝对的权威，面对强大的沟通压力时，那些委曲求全的配合，那些刻意的认同，并不是共识，而是伪共识。甚至个别能人有强大的空间扭曲力，比如乔布斯这样的人。和这样的人对话时，你会觉得头头是道，失去了自己的想法和主张，被对方的逻辑和语言魅力裹挟而行，可回家一想又完全不能接受。所以说，所有单向被说服、被影响的共识，都叫伪共识。

第二种叫"交易共识"。在商业与政治领域用途广泛，是为了达成目的适当地让步妥协，实现合而不同的结果，经过几轮的挑战与退让，双方达到力量的平衡点，这时候达成的共识叫交易共识。

第三种叫"增量共识"。通过双方的对话、辩论，在共同的沟通法则下达成新的结论，提升了彼此的认知水平，双方都有收获感的共识，就叫增量共识。

缺少共同的沟通法则，有效的对话就会变成闲聊、杠精、攻击等无效的沟通。所以，我们需要掌握一些法则。比如，麦肯锡的分层穷举法、迪斯尼讨论法、拉波波特法则、FABE表达法等。鉴于篇幅，这里只简单介绍拉波波特法则与FABE表达法：

拉波波特法则指的是在提出不同意见之前，要通过三个动作先肯定对方，最后再提出意见和建议。

第一步，完整准确地重复对方的意见，让对方了解你是在认真倾听。更高水平的聆听，是在重复对方的语言之后，还能够精练地重述。

第二步，把所有你同意的观点罗列出来，请不要吝惜语言，现在的每一步认同，都会换来未来对方的认同。

第三步，总结在对方的观点中自己学到了什么，有哪些新的结论，前三步的核心都是在认同对方的价值。

第四步，提供不同的观点，表达不同的意见，提出不同的建议。

FABE法则指的是：第一步描述事实；第二步做优势比较；第三步描述新的意见和建议给对方带来的好处；第四步是用事实案例加以佐证。

如果能够将拉波波特法则与FABE法则组合应用，会更加有效地帮助我们提升增量共识。

最后，简单地讲，极简主义不是极简播放，极简主义就是从主观回到客观，就是从复杂回归到简单。如果有人宣称自己是极简主义者，同时又总是说话办事含混不清，那显然不是极简主义的问题了。

10. 伪极简主义的误区

凡事有其尺度，极简主义也是如此，过了就是伪极简主义了。

有极简主义者要求人这辈子就应该这样活，做到七个极简即可：欲望极简、精神极简、物质极简、信息极简、表达极简、工作极简、生活极简。具体说来，又有各项规定，包括用一支钢笔替代堆积如山的中性笔，用瓷杯、钢杯代替纸杯，用电脑写东西、少用纸，精简银行卡，仅保留一张借记卡和一张信用卡，等等。

虽然这些对有的人来说，做起来并不难，因为他们本来就这样。但这些具体的指导能适用于更多的人吗？肯定不能。这是小众的执迷，也是对极简主义的错误解读，很容易把极简主义误导到纯粹主义上。极简主义信奉"Less is more"，也就是"少即是多"，再说具体点，为什么可以少变多呢？就是因为抓住核心，把握重点，专注聚焦，去掉不创造价值的部分。如果你能做到这些，你用钢笔写字还是用中性笔签名，用瓷杯喝茶还是用纸杯喝水，都是可以的。过分关注这些细节，就会进入纯粹主义的误区。

我和很多人一样，天生倾向烦琐，试图面面俱到，力求事事完美。谁更需要极简主义呢？又恰恰是类似我这样的人最需要，也就是那些深陷在细节中不得其门而出的人。看了一些极简主义的书，发现很多理念，其实在五十年前管理大师德鲁克就提到过了,看来德鲁克本人就是个极简主义者。他没有太多的闲言碎语,但总能抓住管理的第一性原理。比如,他说,"管理就是两件事:降低成本、提高效率",再比如,他说,"要么是领导,要么是误导",很精辟。很多看似伟大的领导者,其实都是误导型的领导者,而不是领导型的领导者。你不能说有一群人追随你,你就有领导力。如果这是领导力,有人强得过希特勒吗?领导力是一种境界,决定了你的追随者是不断提升,还是持续堕落。德鲁克说,"这些东西是骗不了人的,就好像一个人正不正直,骗不了人的"。又比如,他说,"不要从事你干不了或干不好的工作"。回想职场二十多年所见,这句话绝对是金科玉律。

这是一个信息过载、工作过劳的年代,那些看似光鲜的高管,尤其与极简主义不搭边。

如果践行德鲁克的建议,我们应该从以下四个方面做起:

一是关注终极目标。

在极简管理者眼中,终极目标是唯一的王道。不谈目标的极简主义就是简单主义。价值是和目标挂钩的,服务于目标就有价值,不服务于目标就没有价值。始终关注价值,以价值高低为标尺,判断事情是否值得做,策略是否应该执行,员工是否值得提拔或淘汰,文化和价值观是否要坚持并完善,哪些钱绝不能赚,哪些事绝不能做。即便是个人,也要有终极目标。何为终极目标?终极目标就是从更长远看具有意义的目标,简单说有意义就有价值,没意义就没价值。所以,极简主义的最终目的是使人生有意义。企业家也好,普通人也罢,如何判断一件事是有意义的,并不容易。电视剧《士兵突击》中的主角许三多有句名言,"有意义的事儿就是好好活着,好好活着就是做有意义的事"。那么,对你来说,什么是有意义的事儿呢?

二是去掉伪价值。

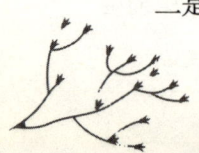

伪价值就是泡沫，有泡沫就有贬值空间，有贬值的可能，就无法服务于终极目标。索罗斯这个金融大鳄就是个去掉伪价值的高手。他在1992年狙击英镑打垮英格兰银行，在1999年狙击东南亚导致金融危机，在2013年狙击日元狂赚10亿美元，连避险货币日元都能打翻，为什么？苍蝇不叮无缝的蛋。表面上他是做空一国之货币，其实是做空其内部经济的问题。日本的债务是GDP的200%，泡沫很大，日元必然存在贬值空间。从某种程度说，索罗斯是个专挤泡沫的人。大到国家，小到创业企业，都是同理。看一家公司是否能成长，只要看是否有伪价值。比如，一位正创业的仁兄，北京办的公司人都没坐满，居然跑到深圳再租写字楼，大办分公司，又给自己买豪车，好了，不到一年企业濒临破产。再如一位老板，赚第一桶金后就得意，一得意就猖狂，把办公室装修得跟白宫似的，大搞VI视觉系统，员工服装都是定制的，企业还要上ERP，聘请职业经理人，结果不到两年便关门大吉。浪费也是一种伪价值。我个人比较反对使用一次性用品，因为一次性用品会降低我们对浪费的敏感度，更何况因为"一次性"的方便，却造成看不见的浪费，甚至是危害。一旦对浪费视而不见，价值判断就会迟钝，就会远离正确的道路，人和企业都是这样。

三是重视有效性。德鲁克强调管理的"有效性"，简单来说，就是俗语"是骡子是马，拉出来溜溜"，本意就是输出。看一本书的输出是写作、读书笔记，或是分享给别人，没有输出的阅读，有效性就降低了。再如，学习的输出是教学，学会了就教，所谓教学相长，只学不教，有效性就降低了。极简管理除了要砍掉一些看似合理实则无价值的东西，尽可能选择有利于未来的事情，减少那些明显弊大于利的事情，所以，还要从更长远的角度，甚至是一生的角度重新审视有效性。《论语》说："虽小道，必有可观者焉；致远恐泥，是以君子不为也。"意思是，相对于大道的小道，看看也行。从更长远看，那就是个坑，君子才不去做呢！

四是专注聚焦。专注是一种昂贵的易耗品,越少越聚焦,越聚焦越专注,而专注才是有效的法宝。李敖说过,"你的生命是那么短,全部生命用来应付你所选择的,其实还不够;全部生命用来做你只能做的一种人,其实还不够。若再分割一部分生命给你最应该做的以外的——不论是过去的、眼前的、未来的,都是浪费你的生命"。

德鲁克的专注训练,有两个绝招,第一是重要的事情放到最前面,第二是一次只做好一件事。看起来简单,做起来困难,毕竟很多人以能一心多用为优点呢。尤其是第二件事,要实施就需要说很多的"不",对一个温和的人来说,就更加困难。

举个实例。伯利恒钢铁公司的创办人施瓦博,异常焦虑自己的状态,事务缠身却所成无几,于是,去请教著名的管理顾问艾维·李,艾维·李只给了两个建议:第一个,把要做的事情列下来,只从最重要的开始;第二个,只做这一件事,直到做完,再从剩下的事情中找最重要的开始。施瓦博问事情做不完怎么办?李的回答是,今日事今日毕,如果毕不了,就不要一开始列上去。一个月后,施瓦博急匆匆找到艾维·李,大叫道:"李,你让我一个月没做几件事。"艾维·李微笑着看着他,问:"然后呢?"施瓦博也笑了,说道,"虽然没做几件,但件件是大事,你让我学会聚焦,学会了专注,这是您应得的。"说完,递过去一张支票,面额是2.5万美元,时间是在20世纪初。在当时,2.5万美元可以买25辆汽车。后来,伯利恒钢铁还成为了美国最大的独立钢铁企业。

总之,极简管理就是要做好四件事,首先是用意义目标判断价值;其次是去掉没有价值的地方;再次是努力直指结果,有效才是硬道理;最后是专注在目标上,不跑偏。

11. 做时间的朋友还是做时间的敌人

"时间就是金钱。"富兰克林的这句名言几乎成了深圳市的座右铭,并且人人皆知,至少在中国是这样。

富兰克林当初的解释是:"假如说,一个每天能挣 10 个先令的人,玩了半天,或躺在沙发上消磨了半天,他以为他在娱乐上仅仅花了 6 个便士而已。不对!他还失掉了他本来可以挣到的 10 个先令。"看来,富兰克林是机会成本的大师,今天的快递小哥们都是富兰克林的粉丝。

如果时间是金钱,那时间就是所有人的朋友。感知时间是一种特殊的能力,有人年轻时就有洞察,有人生命终结时才发出感叹。因为时间是一种不能再生的、特殊的资源,既不能逆转,也不能储存。因此,成功学大师拿破仑·希尔一针见血地指出:"一切节约归根结底都是时间的节约。"不过,对于没有方向的人来说,时间不是朋友,而是烦恼,是无聊;而对于那些有所追求的人,是真正的朋友,因为其生命的价值高低,就取决于他能活多久。

时间就是成本,不节约就是浪费。鲁迅先生说过,时间就像海绵里的水,只要挤,肯定是有的。先贤读书,固然需要寒窗十年,但这还不够,还要在车中读、马上读、厕中读、枕上读……有些人嫌枕上读还不够,还专门做个警枕——

用圆木制成，上面有铃铛，稍一翻身，圆木落地，当啷作响，马上重新读书。现代人有人每日一博，洋洋洒洒，动辄几千言；很多人在工作中写，休息时也写，旅途中写，应酬的间隙也写；飞机上、火车上、公共汽车上，实在不方便写，就读书；读纸质书不方便，就读电子书；掏不出手机来，就打腹稿……真是惜时如金。

在时间管理方面，你不当时间富翁，就当时间"负翁"。时间不会打瞌睡，不会请病假。不管你想好了还是没想好，它就是那样流动着。当我们肯定了抉择或付出时，我们与时间并肩前行；当我们否定抉择或付出时，我们也与时间并肩前行。那么，终有一天，当时间耗尽的时候，我们只能对时间说，你善待我如初恋，我却不能再虐你。你产生不产生效益，有效或无效，时间都不会理你。时间就是天，苍天待万物如刍狗，都很平等。有人在挑灯夜读，有人在烧灯续昼；有人在鞭打快牛，有人在慢磨洋工；有人在闻鸡起舞，有人在钩心斗角；有人惜时如金，争分夺秒，有人连基本的时间观念都没有。时光易逝，越是大把挥霍时间的人，日后越是会慨叹时间的可贵。既如此，为什么不从一开始好好利用时间呢？

我们是时间的朋友，我们又是时间的敌人。是贪多让我们亲手杀死了时间。例如，拖延症，正因为贪求完美而心理力量孱弱，很多人在不自知的情况下形成选择而不实施的情况。从最初的"我再玩一会儿就工作"，到最后做任何事情都无法回避时才草草应付完成。再例如无法聚焦，据心理学家鲍迈斯特研究，一个人每做一项选择，就会损耗一点儿心理能量，每消耗一点儿心理能量，其执行能力就会下降。这就好比你的手机里有很多个App，就算你的手机很高级，你还会因为打开过多App而让手机陷入死机。做时间的敌人会耗掉我们的心理力量，制造太大的压力，非要把我们压垮不行。

效率是什么？效率就是单位时间的利用价值。有效利用时间便是效率。无论是优秀的职员，还是优秀的管理人员，甚至是优秀的家庭主妇，他们会合理使用时间，还会压缩时间，让单位时间产出更多效益。他们善于把最有效率的时间用在可以获得最大回报的事情上。有些事情，他们会数年如一日，如切如磋，如琢如磨；有些事情，他们只是稍微关注一下，甚至懒得看一眼。

如何提升效率呢？很多人都在怒吼，我没时间，没时间休息，没时间娱乐，没时间学习！他们都在忙什么呢？不管忙什么，他们的忙碌是无效的。为何无效？德鲁克认为，这首先是因为管理者的时间往往属于别人，不属于自己，是"组织的囚徒"。每个人都可以随时来找他，从公司员工到客户再到政府官员。其次是因为管理者往往被迫忙于"日常运作"。无论是谁，每天被一连串事务包围着，都会穷于应付。

时间管理的第一步是什么呢？就是了解自己的范式。德鲁克举过一个有趣的实例，他问一位董事长：你平日里的时间都是怎么花费的？对方十分肯定地说：1/3 用于与公司高管人员研讨业务，1/3 用于接待重要客户，1/3 用于参加各种社会活动。这其实是不错的安排。只不过等实际记录了 6 周之后，结果表明，在上述他认为最重要的三个方面，他几乎没花什么时间，那只不过是他认为"应该"花时间的工作而已。通过进一步跟踪，发现其时间主要花在了处理与他认识的顾客的订单、打电话给工厂催货、处理人际关系摩擦等小事身上。因此，有效管理时间的第一步，就是记录你的时间花在了哪里，从而了解自己的范式。

第二步是什么呢？就是断舍离。那些不应该占用我们时间的事情，统统交给别人去打理，比如同事、秘书、下属或伙伴。诸葛亮怎么死的？事无巨细，事必躬亲，累死的。精神可嘉，但北伐大业没能实现，常使英雄泪满襟。一句话，要忙在点子上，越是大人物，越是要把握关键，甩手的才叫掌柜，从早忙到晚的那叫伙计。

第三步，就是通过回顾日历或记事本，优化自己的时间。把这些对你来说收效甚微或浪费时间的活动找出来，尽可能地排除掉。要砍掉那些根本不必做，做了也是浪费时间，无助于成果的事。在此基础上，还要学会让自己的日历变得有节奏。有些人习惯早上工作，那就把重要与紧急的工作安排在早上和上午。有些人习惯于下午工作，那就把重要与紧急的工作安排在下午。也有少数人是"夜猫子"，晚上精神百倍，效率出奇地高，那就把重要事项安排到晚上处理。总之，要把重要工作安排在自己最有工作效率与精力状态最佳的时间段。身体状态不好或精神状态不佳时，最好不要工作，跟工作暂时地断舍离，因为在那样的状态下工作既没什么效率，还有可能把事情搞砸。

第四步，比较特殊，就是做一回时间的"敌人"。放下效率，放下妄念，想办法把自己的日历变薄，甚至变空，"浪费"大把的时间在对自己更有意义的事情上。例如闭关修行，这不是武侠小说，很多人物都有这种习惯，比如比尔·盖茨每年都会闭关七天，趁此机会回顾过去，体验当下，畅想未来。

让我们成为时间的朋友，偶尔也当当时间的敌人。

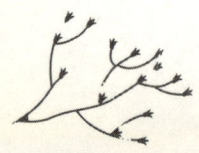

12. 活法、干法与玩法

要进化到极简主义，躲不开活法、干法和玩法。

活法与干法，这是有着"日本经营之神"之称的稻盛和夫在他的两本著作中提出来的概念，也是知行合一的范例。而我早先的感受，可以说是有些小失望。因为在我看来，稻盛和夫的《活法》和《干法》差异性不大。既然如此，可以简单一点，实在没必要分成两本。直到深读之后，反复体会，才发觉其中的差异。

先说活法。

生活是一座道场。李宗盛在《凡人歌》中唱得实在："你我皆凡人，生在人世间。终日奔波苦，一刻不得闲。既然不是仙，难免有杂念，道义放两旁，利字摆中间。"凡人要利己，圣人要利他，君子要兼顾二者，用中国儒士的话说就是"致良知"。众所周知，凭良心办事，这是王阳明心学的核心思想。王阳明有一首诗，"无善无恶心之体，有善有恶意之动。知善知恶是良知，为善去恶是格物"，也称为"四句教"。王阳明心学于16世纪，经日本禅僧庵桂悟传入日本，明治维新三杰之一的西乡隆盛最信服王阳明心学，随身携带王阳明书籍，甚至被发配荒岛也要带去。而最能体现西乡隆盛的王阳明心学的，就是他的生活准则：敬天爱人。那么，为什么要讲西乡隆盛？因为稻盛和夫就是西乡隆盛的超级铁杆粉丝。稻盛和夫几十年提倡"敬天爱人"，是王阳明心学在商业中的传承者。

可以说，稻盛和夫的活法，本质就是儒家倡导的生活原则。著名的成功方程式，我看到的是：成功（人生成就）= 格物致知的思维方式 × 正心诚意的努力 × 修齐治平的能力。再加上"单纯的热情、无私的利润、善良的梦想"，培养新兴的商业阶层，最后通过"兼爱天下、引领创新、决不放弃"成就新一代的企业家。

再说干法。

有干法是好事，干得不得法，只能是事倍功半，一刻不闲的人生。当前，有一种极为旺盛的倾向在滋长，那就是不谈干法，只谈愿景和模式。稻盛和夫在书中写道："我不太欣赏才子，因为才子往往忽视'今天'。才子自恃才高，凭着对前景似是而非的理解，就厌烦像乌龟那样认真过好每一个今天，总想如兔子般寻找最短距离。但过于急功近利，就往往会在意想不到的地方驻足不前。"兔子们又分为两派：一是庞氏骗局派，二是马上成功派。于是乎出现了各种急功近利，各种快门捷径。在这种情况下，肯干并且懂得干法的人只要耐住性子，早晚会脱颖而出。

稻盛和夫又写道："迄今为止，不少优秀的聪明人投奔到京瓷的门下，但偏偏就是这些人，据说因为看不到公司的前途而辞职。结果留下来的，不少是头脑不够灵活、平凡、连跳槽也缺乏自信的'庸才'。但是，过了十年、二十年，这些'庸才'居然成了各部门的骨干乃至领导。我看过好多这样的例子。"

究竟是什么让他们从平凡变为非凡的呢？是不厌其烦、默默专注于一件事情的力量，是拼命过好"今天"的力量，是将"今天"不断持续的力量。换言之，将平凡变为非凡的就是这个"持续"。稻盛和夫如是说。

具体如何做呢？儒家在《礼记·大学》篇中详细提出了修行方法："知止而后有定，定而后能静，静而后能安，安而后能虑，虑而后能得。"这就是被后人称为"修身七境"的"知止定静安虑得"。

"知止"就是知道停止，停在哪里呢？要"止于至善"。什么是至善？敬天爱人就是一种至善。稻盛和夫在《干法》说得更具体，他说很多人把工作当成了"恶"，从而厌恶工作，殊不知工作才是"善"，工作是万病良药，工作中蕴藏巨大的能量，帮助你战胜命运的磨难，给绝望的人生带来光明。

知止之后，是"定"。定就是内心安定，如何内心安定？就要去私欲，致良知。稻盛和夫引用过一个据说曾让俄国大文豪托尔斯泰大为惊叹，而且非常钦佩的故事，托尔斯泰曾评论它，"再没有任何故事能将人类的贪欲表达得如此淋漓尽致"。

故事是这样的。在一个秋天的黄昏，无尽的荒野中，有一位旅人正在赶路。突然，前方传来咆哮之声，随着一只猛虎紧逼而来。旅人拔腿逃跑，但跑来跑去竟然跑到一座断崖的边上。幸好，他发现断崖上有一株松树，从树枝上垂下一条藤蔓，触手可及，他便毫不犹豫抓着藤蔓爬了下去。老虎到了悬崖边，看着嘴边的食物竟如此逃离，非常懊恼，不断在崖上狂吼着。旅人很高兴，心说幸好有这藤蔓，不然小命就丢了。可是当他定下心来，往脚下一看，不禁"啊"了一声，原来脚下竟是深不可测的怒浪，波涛间还有三条毒龙，正张开大口，等他坠落！旅人吓得全身战栗起来。更恐怖的是，这时头顶上又传来咔嚓咔嚓的声音，在他赖以为生的藤蔓根部，出现了一黑一白两只老鼠，正在交互啃咬着藤蔓。旅人拼命嘶喊，想吓走它们，老鼠却一点也没有逃开的样子。旅人拽着藤蔓，结果有水滴似的东西从上面落下来，原来树枝上有一座蜂巢，从里面滴下了甜美的蜂蜜，旅人竟然忘记了自己正处于危险万分的境地，一心盼望有更多的蜂蜜可吃。

稻盛和夫写道，"这个故事描述了利令智昏的人类的实相。死到临头竟然沉醉于蜜汁之中而不能自拔，这就是我们人类无可救药的宿命……在这里，老虎暗喻死亡和疾病，松树代表世上的地位、财产和名誉，黑白二鼠代表日与夜，即时间流逝。世人在不断逼近的死亡的威胁中拼命求生，而维系生机的仅仅是一根藤条而已。伴随着时间的推移，这根藤条也在不断磨损。然而，即使折寿，缩短生命，人们还是要不顾一切地去吸食蜜汁——可怜、可鄙又可悲的欲望！"

去私欲的有效武器就是"致良知"，迷茫时要回到内心，良知会让内在定下来。

稻盛和夫是如何做到"定"的呢？他的做法是，不断问自己"为什么工作"？我在其后加了一句，"为谁而工作"？在我女儿出生的时候，我突然有了努力工作的愿望，这是因为我从为自己工作变成了为"她"而工作。如果没考虑为谁工作，稻盛和夫指出，也要为更高的人格而工作，这就是我们常说的"工匠精神"。他记录了一个修建庙宇的木匠师傅的话：树木里宿着生命，工作时必须倾听这生命发出的呼声……在使用千年树龄的木料时，我们工作的精湛必须经得起千年日月的考验。

定之后是"静"，"静"字左边为"青"，意思是纯净；右边为"争"，指全力以赴，《说文解字》的注释为自身内省，并不是一些人解释的"保持安静"的意思。

静是一门功夫。稻盛和夫的静功体现在要每天反省、沉浸甚至是迷恋上工作，反思是不是不亚于任何人的努力等。日常工作的静，可以是记录和总结每日的工作，这里不是简单地做日记，而是进行客观的评估。

静之后是"安"，"安"字就是一个房子里面有一个新娘。在农业社会，兴宅、娶亲，是男子一生中至关重要的两大事件，顺利便能安居乐业，反之内心则焦虑不宁。那谁是那个新娘呢？稻盛和夫说企业家要"抱着产品入睡，听到产品的哭泣"。你的目标也是房屋里的新娘。当你竭尽全力时，神灵就会现身，送你一个"海螺姑娘"。

安之后是"虑"，是深谋远虑的意思，就是稻盛和夫所说的找到正确的地图，然后乐观构思、悲观计划、乐观实行的意思。稻盛和夫还有个心法比较容易掌握，就是"提前看到完成时的状态"就肯定能成功。他自己就"看到过"KDDI的未来的样子，结果KDDI上市时预测的费用和数据和实际几乎没有差别。我们如何学着做呢？就是把开始的简单想法提升为强烈的愿望，并在头脑里思考再思考，24小时不间断地反复模拟练习，各个细节都有明确的印象，可见的未来就会在眼前越来越清晰，最后变成鲜明的图景。

虑后面是"得"，远行探索而实现理想叫"得"，一般走到这，就算是成功了，然而稻盛和夫却发现，因为过程往往会"远"得超过你的想象，所以，每一步都要走扎实，当你感到"已经不行了"的时候，才是真正开始的时候。苦难必然伴随，但是成功也是一种考验，不要误把中途站当成终点。正如莎士比亚所说，"一些过往皆是序章"。

最后谈玩法。

《活法》与《干法》这两本书，笔者的看法是儒家经典的现代版诠释，而玩法，则是现代版的延伸。

一谈活法，有人说活得太累；一谈干法，有人说干得太辛苦。其实玩也同样累人，同样辛苦，为什么各位却乐此不疲呢？有人说，因为快乐呗！前面谈过快乐激素是内啡肽，现在如果我们把内啡肽注入活法与干法中，就不难体会到什么叫"干一行，爱一行"了。我个人不太喜欢那种把工作描述成累死累活，反人性般坚守岗位的模范事迹，因为在看完此榜样之后，你的第一反应是很庆幸没有干这份工作，起到了完全相反的作用。正如一些母亲由于过多描述了生产的痛苦，反而让子女失去了生育的愿望一样。所以，今天我要为活法和干法拨乱反正，即用玩的方式，让人活得不累，干得不苦。

著名管理顾问大前研一曾写过一本书，叫《会玩，才会赢》，我很赞同。工作既可以是一场修行，也可以是一场娱乐，修行可以提升品质，娱乐可以乐此不疲。那么，乐此不疲地提升品质不是更好吗？大前研一也介绍了一些做法，比如，从学习到好奇。以我自己为例。以前出差，匆匆而去匆匆回来，对去往的城市毫无印象，唯一记住的是酒店和机场。现在出差，开始了解目的地城市的历史、地理、趣闻甚至八卦，到了之后你就会有一种好奇，去印证它是不是所闻那样，不自觉中增广了见闻，还交到了不少朋友。其他做法还有："拥有"两家熟悉的令人开心的餐厅；利用各种滞留，如机场、火车和等待，梳理自己的过去；留下玩的时间，玩的时候必然专心；为展示提前设定的"成果"而玩；用时下热点做主题活动设计。

总之，活得笃定，干得有得，玩得开心。

13. 极简主义的成就公式

通过多年思索,我总结出了一个极简主义的成就公式,成就 $A=f$(增量 × 带宽 × 复利)。或者用更通俗的话来解释,就是说一个人的成就,由增量、复利与带宽这三个要素决定。

先说增量。增加不等于增量。其实,我们在前面的"用区块链理解极简主义"一节中已经提到了增量,并强调,如果说区块链将巨大地改变我们的生活,那不仅仅是因为它天生的技术优势,更在于它绑定了资产,能够极大地打捞起我们这个社会上无法估量的沉没资产。这也许精彩地解释了什么叫"天生我材必有用",区块链技术关联资产的"可用",才能创造价值,否则只能产生泡沫。

没有增量就没有成就。例如,此前,各界曾对"永动机"充满热情。在淮海战场上被俘的战犯黄维,还曾经亲自实践过,据说当时政府还拨了款。国外的科学先驱们,尝试者也不在少数。但肯定是不能成功的。极简主义的世界里也没有永动机,因为第一个要素增量如果等于零,即"增量=0",则成就 $A=0$。所以,增量就是否定了永动机,它让我们踏踏实实做功,让我们每一次的做功都获得既定方向上的一点点的进步,不受外界干扰,不被妄念诱惑。日久天长,日积月累,每次进步一点点的增量,会累积起来变成一个巨大的成就。

增量的目的就是扩大资产总量。以股市为例，你看K线是没用的，因为主力掌握着足够多的筹码，想怎么操盘就怎么操盘，想做什么样的K线就能做什么样的K线。这种情况下，你看消息面也不能保证什么，因为消息可能是故意放出来的假消息。但千骗万骗，唯量难骗。数据实实在在地体现着，量能柱高起，那是用真金白银砸出来的。

具体到生活中，很多人特别爱学习，学了各种知识与技能，在微信群中狂发言论，好像什么都懂，就是知识量不能和资产关联，永远飘在空中，实现了口若悬河，胸无一策的境界。

我们人生的资产是什么呢？时间和精力就是人的资产。可以置换实物，可以创造财富，继而置换来大众追求的地位、权力、事业、性、关系，等等。英语里有句谚语，叫Time is your most precious asset，即"时间是你最珍贵的资产"。精力即能量，或称精神能量。时间需要管理，要事优先，一次一件；能量需要提升，提高专注力，才能走向开悟的境界。资产如何配置呢？这就取决于你的目标，而长久目标又可以分解为连续的小目标。

"你要先有个小目标，比如先赚它一个亿"，也许王健林的小目标，我一辈子也实现不了，但我可以有自己的小目标，比如认识100个牛人，只要这个"阅人无数"的小目标，和"研究人生资产如何配置"的大目标相一致就行。很多人在一开始时，区别是不大的，没什么人会输在起跑线上，但结果为何差距那么大呢？我想，除了要考虑第一个因素增量外，还有一个因素——带宽——影响着最终结果。

公式里的第二个要素是带宽。带宽不足的办公室不受职人欢迎，带宽不足的咖啡馆客流都不好，现在连饭馆WiFi都是标配了。带宽要宽，上网才快，运营商从2G一路要飙到5G了，以后肯定还会有更多G。

人生也有带宽，一个人勉强凑合，关照的人一多就卡壳，就顾头不顾脚了。

现在很多孩子一出生，父母就照顾不过来了，生活和工作就失去平衡。所以，人生修行，还是要提高带宽。而提高带宽的方法很简单——专注地重复。我提高同学们读书速度的方法很简单，就是改变眼球移动方式，并重复 500 次，就能提升阅读速度 500%。一个小朋友系鞋带，即便十分专注也非常不易。为什么你系鞋带时还能思考其他事，或者和他人说着话呢？因为通过无数次重复，达到了一种不知道也会的状态，这就叫刻意练习，达到熟能生巧的水平。庖丁解牛的故事大家耳熟能详，为什么庖丁一开始几天要磨一次刀，到最后几年都不磨刀？因为太熟练了。所以，只增量还不够，还要提升带宽。把增量里的动作拆解，专注地重复，达到下意识行动，就能宽带天下，左右兼顾，实现增速。

增速让我们更熟练，做事情更快，更精准，从表意识逐渐走向潜意识。有些动作，有些决策，我们甚至都不用思考，就能迅速做出正确的选择。这是因为在大脑的回路里面产生了很多微妙的链接，这导致我们跟那些不熟练的人不再一样，举手投足之间自有一种恰到好处，这是我们的生命带宽决定的。它会让我们在这一类事情上面更有效，能更快地带着我们到达我们要到达的地方。

是不是有了增量、带宽就够了？未必。没发现身边含辛茹苦，任劳任怨一辈子，付出很多，却没有成就的人大有人在吗？所以，我们说，除了前两个要素，还需要第三个要素，也就是复利。

有这样一个故事：

有个喜欢下棋的国王，对一个棋艺很高的大臣说："我知道你以前经常让着我，今天我心情很好，你好好下，如果你赢了，随便你要什么奖赏。"大臣见国王确实心情不错，便三下五除二赢了国王，然后说："陛下，我要的其实很简单：您看我们面前这张棋盘，它上面有 64 个格子，你只要能在第一个格子里放上一粒米，然后在第二个格子里放两粒米，也就是先前的一倍，第三个格子放四粒米，也就是再加一倍，以此类推，帮我放满这张棋盘，我就心满意足了。"国王一听,这还不简单?当即命掌管粮库的官吏去取米,按他的想法,这大臣顶多能赢一袋米。但不一会儿,库吏大惊失色地跑来,说真的按照约定执行,就算把国内所有粮库的大米都搬来也不够!究竟需要多少粒米才能填满故事中的棋盘呢?某位较真的学者通过计算得出了答案:当第一排的8个格放满时,1、2、4、8、16、32、64、128粒米。但当一粒米在64格的棋盘上每个格倍增,最后是1800亿万粒米,总共是相当于全世界的米粒总数的10倍。

我们不妨再计算一下10万元人民币的复利收益。假设我们有10万元资金投资于股市,或者其他投资领域,同时,假设每个月可以净收益10%,下个月再把所有的本金和收益继续投出去,同样再赚10%,然后继续投资,如此循环下去,一年下来便能净赚21万余元。如果连续3年,连本带利就可翻到300多万元。

但很遗憾,有人说我既没有本钱10万,也找不到每月10%的收益,也不可能一笔钱3年不挪动。好吧!复利变成了鸡汤。但如果把对复利的理解,从一个精确的计算,改变到思维方式,就有切实的价值了。

想知道复利的思维方式是什么,请做下面的思考题:

如果选择做A,会导致B,也会导致C,导致D;

但B能形成周期性的正反馈,反过来增强A;

而C只是单纯地存在,不能增强A;

D是负反馈,削减了A;

为了使A最大化,那么你会选择B,抑或C还是D?

我们当然选择B,因为只要你选择B,你就选择了复利。巴菲特称为滚雪球思维:找一条足够长的坡,足够湿的雪,就能让财富滚雪球。巴菲特之所以成为超级富豪,是因为他发现长期持有价值型股票就存在复利效应。复利思维也是巴菲特一直以来坚守的原则。复利思维悄悄存在于生活中,男士找媳妇恐怕都要有复利思维才好，比如有些"女神"级人物具有一种特质叫"旺夫"，这就是有正反馈的 B 选择；退而求其次，找一个相安无事的 C 也行；而找一个负反馈的 D，就非常麻烦了。反过来，每一个成功女士的背后，也少不了一位 B 男的付出。所以，复利思维就是寻找周期性的增强型的正反馈，我还给它起了个外号叫"老 B"，我们的任务就是"叫老 B 回家吃饭"。

　　小结一下，极简主义的成就公式是：成就 $A=f$（增量 × 带宽 × 复利）。其中第一个要素叫增量，是以内在为主的增量；第二个要素叫带宽，也可以叫增速，是以场景为主的增速；第三个要素叫复利，也可以叫增强，是以外在正反馈为特征的增强。所以，极简主义的成就公式也可以是：成就 $A=f$（增量 × 增速 × 增强）。

14. 寻找人生大数据的目标

极简主义就是在大数据中寻找小数据。

先秦诸子之一的韩非子,曾经讲过一个故事:

有一个郑国人,想去买一双新鞋。于是,他事先量好了自己的脚,然后把量好的尺码放到了椅子上。等他去赶集时,却忘了带上尺码。他挑了半天,才发现这鞋子没法买了,因为忘了带尺码。万一不合适怎么办?想到这,他马上返回家中,拿了尺码,再返回集市。可是因为离家较远,集市已经散了。有人问——其实这也是我们想问的:"那个郑国人为什么不用自己的脚去试试鞋子?"那个郑国人的回答说:"怎么能不相信尺码,而相信自己的脚?"

这是一个故事,也是一个成语,同时还是一则寓言。它讽刺的是那些因循守旧,不知变通的人。用今天的话来说,它讽刺的是那些过分依赖数据,而不懂得数据是为具体事件服务的人。

现在是大数据时代,以大数据为主的一系列科技手段与工具,能让我们更快地抵达终点,通过数据分析用户、分析行情,找到金矿,不再迷茫;然而,当我们采取相应的方法和手段,尤其是当这些方法和手段变得丰富的时候,我们也难免受其困扰,忘了我们的终极目的是什么,而迷失在这些方法和手段当中,正如本书之前所述,把手段当目标,把过程当结果。

来看一个更有启发意义的现代故事:

何帆先生写过一篇《我们都是大数据时代的海狸》的文章。文章从大数据领域的顶级专家亚历克斯·潘特兰的年轻时代说起。1973年,潘特兰还只是名大学三年级的学生,他以电脑程序员的身份到美国国家宇航局环境研究所实习,分配给他的任务是开发一个利用人造卫星从外太空数清加拿大领土内所有海狸数量的软件。人造卫星的精确度不是问题,海狸的个头也不算小,但这种啮齿科动物天生胆小,自卫能力很弱,习惯夜间活动,白天很少出洞,所以很难精确测度。怎么办?潘特兰灵机一动,想出一个主意:海狸有一个独特的本领,也就是筑坝。所以,只要数清海狸坝的数量,就可以推测海狸的数量。尽管所得到的数据未必完全准确,但已是人类能力范围之内所能得到的最准确的数字了。

潘特兰的经历提醒我们:大数据应用之难,难在从数字的汪洋大海中获取真正有用的数据。所以,现在又有小数据之说,也就是把握大数据中那些最为关键的数据,对自己最为有用的部分。找到了这个部分,也就找到了大数据应用的节点。

不妨再讲一个小数据的应用实例:

国内有一家美容业平台,主打美容业领域的信息服务。经过多年努力,他们聚集了国内两万名美容师和美发师,存在于几百个微信群、QQ群中,所有资源用四部手机就能装下,随身携带,实时响应。两万名,实在是不多;几百个群,也确实不多。因为很多大的公众号也有类似群,而且远超这个数。但这个平台不是买不起手机,也不是聚不起那么多人,而是故意不积累那么多。理论上说,多买几十台、上百台手机,资源就呈指数级增长了,但僵尸粉不叫粉,僵尸企业还不如倒闭得好,无效资源还不如没有资源,因为你不用为它耗费精力和金钱。为避免无效资源侵扰，他们设了个两万人的槛，确保里面每个人都是优质资源，并且不断更新，随时吸纳更好的，淘汰末位的。能进入社群的人，都可以随时提需求，相应的需求可以马上在这两万行业精英中得到响应，随即进行精准分配。比如，一个美容业老板想搞扩张，他首先要做的是租赁店铺，只要通过系统发布相关消息，那些手上恰好有店铺想出租或转租的人，马上就会看到，并且做出反应。由于平台比较小，不至于被铺天盖地的信息淹没，所以相关信息的对接反倒更快，远超一些大平台。

这个案例，除了进一步说明了大数据的力量其实在于大数据加小数据，或者说，大数据是手段，小数据是核心。当然，小数据不是最终目标，小数据服务于目标，最终还是要利用数据达成目标。

资本市场是目标导向最强的地方，就是因为资本最清楚自己（有钱）不重要，增长（利润）才重要。投资人明白有钱不代表有价值，就如光有大数据是没用的一样，要发现小数据，发现好项目，才能实现最终的增长。所以，创业者不需要高看有钱人。投资人是大数据，创业者是小数据。中国NGO的代表，获得过苏菲奖的廖晓义老师，在和BAT大佬同台时也说过"我们不歧视有钱人"的名言。所以，创业者除非万不得已，不要做取存折、卖房子之类的自我筹资行为，要各担各的风险，各尽各的责任义务。在这个世界上，能够用别人的钱把事情办成也是真本事！因为投资人也不是傻子，他们有不成文规则，那就是只看头部，只投头部资源。至于长尾，留给傻瓜。资本游走全球，要的只是利润，精明的资本眼里只有赚钱这个目标。情怀？算了吧！锦上添花可以，雪中送炭你看哪个资本干过？他们只在万事俱备、只欠东风时出现。张瑞敏说过："经营企业，就好像烧水，只有烧好每一个平凡的1℃，最终才会沸腾。但投资不能这样，投资者要去找那些已经烧到了99℃的项目，然后给它添把柴，马上就会沸腾。"

所以，人生如投资，自己不重要，目的才重要。人生就是大数据，不管你怎么活，都会持续产生数据。能不能发现有价值的小数据，并把自己的资源——时间、精力、天赋和特长，投在头部，让自己的人生沸腾，就要看你有没有清晰的目标。最终，我们还是要回到自身的追求上来。

写到此时，一位朋友谈道，"我不相信小数据或大数据，我只知道人生不如意者十之八九"。好，我正想送给他的就是禅宗那个著名的三段论：初级阶段时，看山是山，看水是水；中级阶段，看山不是山，看水不是水；终极阶段时，看山还是山，看水还是水。在下一章，我们将讨论如何在第二阶段，即看山不是山、看水不是水的处境中脱困。

15. 择简为慧：去时容易回来难

极简主义的法则之一是，去时要容易，回归要艰难。

最经典的案例莫过于大马哈鱼。最早看到大马哈鱼是在电视节目《动物世界》里，一条一条的鱼跃过某个瀑布，灰熊站在岸边，伸出熊掌，一抓就是一条，但这些鱼毫不畏惧，前仆后继，持续上冲。当时觉得它们好傻，等日后知道了大马哈鱼的故事时，才被深深地震撼了。

这些大马哈鱼的出生地往往都在食物丰富的沼泽之中，等雨水多到溢出时，年轻的大马哈鱼便顺势游到河里，然后又顺流而下游到海里。这个过程相当偷懒，于是它们轻轻松松、快快乐乐地就长大了。三四年以后，长大成鱼的大马哈鱼，已经离家乡几千公里了。它们会集体洄游，而且天生就有找到原来入海河口的能力。更奇特的是，进入河口的大马哈鱼便不再吃东西，只消耗，不摄取，身体也逐渐变成红色，生生把自己打扮成了一个非常容易被猎食的目标。它们逆势而为，逆流而上，每当遇到一个水塘，一个瀑布，一段干涸的河道，都要付出许多生命的代价。可是这些大马哈鱼义无反顾，一定要回到家乡，这样，经过漫长的自杀式的洄游后，它们生存下来的数量不及0.4%！为什么大马哈鱼要这样做？它们真的傻吗？其实，大马哈鱼只有这样做，才能让它们这样的物种在自然选择中生存下来。它们遵循了两个基本原则：第一，成长要顺利；第二，选择要择优。所以，它们的后代在成长的时候要容易，食物要丰富，还有很多顺风车可搭；回归时则很艰难，只有真正的强者才能回到出生地繁衍，从而能保持物种的生存能力。

人类社会也遵循着类似的法则。在我国近代史上，中国共产党率领的红军长征是非常重要的历史事件。在长征之前，我们的政策是发动人民群众，在敌人力量薄弱的地方，用农村包围城市的方式生存下来。人民的大海哺育了革命的力量，这是一个借力的过程，也是一个顺势而为的过程。这种思路在第五次反围剿失利之后不得不有所改变。于是，红军决定长征，整个过程艰苦卓绝，被迫穿越大面积的雪山、高原、草地、永久冻土带和无人区，翻越大山18座，跨大河24条，走过草地，翻过雪山，行程约二万五千里。在付出沉重的代价之后，红一、二、四方面军，终于在1936年于甘肃的会宁会师。长征中，红军虽然减员超过90%，但保存下来的能力成为新中国获得战争胜利的基石。此时再读孟子，"天将降大任于斯人也，必先苦其心志，劳其筋骨，饿其体肤，空乏其身，行拂乱其所为，所以动心忍性，增益其所不能"的名句，就别有一番心得。

很多时候，易是为了难，多是为了少，获得是为了付出。人生是个大口袋，放进的时候你获得成就感，拿出的时候你将创造价值，得到幸福。这世间不乏已经裸捐的世界富豪，而从多到少，从容易到艰难的过程，实现了他们的人生价值，也让他们的内心获得安宁。所以，极简主义可以从简单开始，也可以从丰富开始。

成长与学习的过程也是一样的。我们的学习过程很漫长，早在幼儿园时就已经开始，再经过12年的小学中学，又经过了4年的大学时光，我们正如大马哈鱼已经游到了大海。如果不洄游的话，所学就难以创造价值，而洄游的过程，就是一个转化的过程。学和教是一体的，学就是游向大海，教就是回到源头。学得头头是道,张嘴教时却没了台词儿,于是有人说厚积才能薄发,但在人类永远觉得不足够、无限积累、无限准备的过程之后,发现已经没有机会再薄发了怎么办?所以,学的时候就要开始教,所谓教学相长。当年中考时,有一位好朋友来找我,说你学习还行,你能不能带带我?我认真地开始教他,教的时候也是浑身冒汗,惭愧自己能力不足,教完之后,发现他提高得挺快,而最大的受益人居然是我。讲的时候未必讲明白,讲完了自己却想通了,这是很多当过老师的人的切身体会。

再如写作,以前以为准备好了再写作,心中有墨水,提笔才有神。可真的到了写的时候,即便心中也有墨水,写出的东西照样会词不达意。所以,就不如在面对写作时,把它当成一个洄游的过程,当成一个整理的过程,很多人都是在写完之后才恍然大悟,原来这才是我真正想表达的,而不是最初想象的那样!

无论我们准备多长时间,最后都要登台。积累无限多,最终都要表现出来。书当然是读厚些好,但最终还是要读薄。既然如此,我们就应该把一个长周期才能完成的从多到少的过程、从易到难的过程,在很短的周期内实现和完成。现代的管理技术也发现,实时的反馈能提高人的能力。我们看NBA,为什么运动员水平高?这在于NBA的反馈机制是实时的。发生了,马上就反馈,就像一场随堂考试一般,边学边考,你随时都知道自己的水平与问题。所以,要学会以简驭繁,放弃无限准备,及早输出,随时筛选,快速反馈,让自己随时活在既能顺流而下,又能逆流而上的境界中。

第四章 极简进化

第四章 地面水

1. 剥洋葱式的极简主义

经典动画电影《怪物史瑞克》有一句台词，"妖怪就像洋葱，是有层次的"。断舍离也能用剥洋葱来比喻，剥洋葱式的断舍离简单来说，就是将自己的整个生活想象为一个洋葱，层层梳理，层层剥离，最终抵达生活的本质，即搞清楚最重要的事情究竟是什么。在此基础上，再反推当下的抉择是否合理。

但是，找到什么对自己最重要，是件很不容易的事。就像剥洋葱，在没有抵达它的内核之前，我们并不知道里面是什么。有人会说，那里面不还是洋葱嘛！没错，不过剥洋葱只是一个比喻，洋葱的内在还是洋葱，但是人的内在只有他自己才能发现。恰如世界上没有两片相同的树叶，世界也没有两个完全一样的内核。别人的方法与道理，未必适合你自己的生活。剥洋葱的过程，其实是一个逐渐探索自我的过程。有人说，一个人最不了解的可能就是他自己。不过反过来想想，这世上还有谁比我们自己更方便体察到自己呢？解铃还须系铃人，我们只是缺乏一些具体的方法。有的方法很取巧，但往往无效，比如从他人的眼里认识我们自己。写到这里的时候，我也取巧了一下，问一位三十年的好友："你认为我存在的意义是什么？"对方很客气地回复说："完了完了！你是不是魔怔了？"看来这个方法依然无效。

有效的方法是什么呢？就是剥洋葱法。

通常来说，我们可以通过以下五步，一层一层剥开生活的面纱，来寻找自己的内核。

第一步，审视自己当下的处境。简单来说，是看我们在当下的生活里面已经选择了什么？放弃了什么？为什么选择？为什么放弃？从而像照镜子一样去理解我们的今天。

第二步，重新梳理自己的各种角色。我们可能是一个父亲、母亲，也可能是一个儿子、女儿，同时也是一个爱人、一个朋友、一个同事……我们除了是自己，我们还扮演着多个角色。而每一个角色，都能帮我们界定我们是谁，同时有利于我们思考对于这些角色来讲，最重要的事情是什么。

第三步，梳理自己已有的资源，以及这些资源对我们来说，到底有没有价值，以及实际价值是什么？哪些是有用的？哪些是可控的？哪些仅仅是可见的？哪些看似是你的，但实际不属于你的？

第四步，梳理自己的核心能力。在过去、在角色、在资源的共同作用下，我们形成了哪些能力？这些能力能够帮助我们到达哪里？我们是不是还需要别的必备能力？不可或缺的是哪些？可有可无的是哪些？哪些地方可以借力？

第五步，梳理自己的存在意义。把视角转变一下，从我们看世界到世界看我们，我们存在的理由是什么？或者说，这个世界为什么需要我？我们会为这个世界留下什么？

我们是谁？

我们从哪里来？

我们到哪里去？

这些问题或许永远没有标准答案，但每一次追问，都会让我们更接近生活的本质与生命的意义。所以，极简主义最为重要的修炼就是"修心"，即如何把握自己的内心，毕竟，一个人能不能断，肯不肯舍，会不会执着，可不可以从极繁现实走向极简主义，从理论上，从实际上看都是一颗心的问题。

  修心这条路上有一个很大的障碍，人人都会遇到，就是我们的情绪。情绪也是分层的，不信你回想一下，当你遭遇冷漠、讥笑、阻碍、批评、不公等，你因为不知道怎么解决，很自然地产生不自信、灰心、恐惧、难过、对抗等心理与情绪，但这些情绪并不是真正的原因。真正的原因是存在于内心深处的，我们称为"核心情绪"引起的。核心情绪引发的一系列情绪反应则可以称为"外围情绪"。这些外围情绪，包裹着核心情绪，它们有防御功能，保护着内核，即自我存在的意义，让人不自觉地把自己的核心情绪加以隐藏，再隐藏。表现在人格上，就是外表淡定，内心压抑。

  洞察情绪层次的人，会有一种价值观，"因为你，但不是你的原因"。因为你的嘲笑、攻击、无礼导致我的情绪，但真正的原因不是你，而是我的理由和我的反应模式造成的。例如，朋友聚会时，有的人能接受开玩笑，有的人就接受不了，因为开玩笑（因为你），他不高兴了，但真正引起他不快的原因，恐怕只有他自己知道（但不是你的原因）。

  我讲这些还有另外一层意思，就是给你打一剂预防针：断舍离也好，极简主义也罢，它们往往不是我们一个人的事情，往往牵涉到伴侣、家人、亲朋、同事、伙伴等。有时越亲近的人越难以理解你选择的道路，不要责怪他人，是我们没有照顾到他们的情绪，包括外围情绪和核心情绪。如果是一个外人，比如心理医生、朋友或者父母，想接触某人的核心情绪，那么，首先要做的不是单刀直入，治病开方，而是先跟他搞好关系，也就是照顾到他的外围情绪，让他在和谐、安全的环境下，他才有可能袒露真实内心，乃至推心置腹。包括我们自己，也往往分不清哪些是外围情绪，哪些是核心情绪。我们有时候本着断舍离的理念或极简主义思想，想帮助家人或朋友，却难免错误地对其外围情绪进行攻击和治疗，那是舍本逐末。

你必须谨记，极简生活修习的是内核。如果你调节好了核心情绪，那外围情绪自然就不复存在了，就算存在也不足以影响到我们的生活了。再一步说，如果你能调整好自己整体的心理、心态、心情，断舍离与极简主义都无须强调，它们不仅是自然而然、水到渠成的事情，就好像历史上那些真正的修为之人，用不着跟他们讲断舍离了。

如果你认同这一点，那么新的问题来了：如何调节核心情绪？方法就是"认者法"。

"认者法"其实很简单，在接受的同时加上一点冥想。也就是先直面自己的核心问题，不要回避，而是承认并接纳它们，比如自私、执着、依赖、懒惰、某种情结等，这样我们就直接绕过了包裹在核心问题之外的层层外围情绪，就不会拒绝解决问题，也不会拒绝学习，更不会因此而把皮毛当本质。通俗讲，这很像在青春年少时暗恋一个人，不敢承认，也不肯承认，可又放不下的状态。只有先带着接纳、承认的心理，我们才可能找到那个导致我们不能潇洒、无法超脱的内核，从而克服它、优化它、重塑它。

这种面对就是我们常说的"认"——认输、认错、认罪、认命的"认"。不认的反面是证明、辩论、杠精，或是阿Q精神。有时候，我们很难一下子绕过重重阻碍的外围情绪。比如，可能我们最主要的问题是"没有节制"，但自我保护意识可能会给我们暗示一个"我有生活品质"的假象。这样一来，劣势反倒成了优点，还怎么解决？对我们这样"对得没天理"的物种，往往时间是最好的老师，早认晚认，早晚都得认。"认者法"是更直接的方法，直面自我，不剥反切，一刀切开，如禅宗当头棒喝，然后直接看到内核。

有这样一个典故：

一个大和尚每次入定的时候，都有一只大蜘蛛跑出来捣乱，怎么赶也赶不走,无奈之下找到师父寻解。师父说:"下次先准备一支笔,入定时看到大蜘蛛,就在它肚子上画个圈做个记号,看看它到底是何方妖怪。"大和尚照办了。入定时大蜘蛛果然又跑来,他一笔就在蜘蛛的肚子上画了个圈,大蜘蛛不见了,他也安然入定。大和尚出定时一看,就惊讶地发现,那个圈圈居然就在他的肚皮上。

归因在外部,洋葱是剥不开的,归因在内部才能断舍离,继续深挖,直到核心。怎么判断自己到没到核心呢?很简单,只要你发现,解决了这个问题,其他所有问题都解决了,满天的云彩都散了,那就是核心所在。

古人讲,"吾日三省吾身"。剥洋葱也可以借鉴这一思路。每天剥薄薄一层,不间断地通过"认"修正自我,感觉剥错了,有点儿矫枉过正,还可以再拉回来。有些问题藏得很深,需要剥很多次,重要的是不要灰心,坚持不断地剖析自我就好。

2. 永远警觉手段变成了目的

韩非子还写过一个《买椟还珠》的寓言，描述手段如何变成目的。一个商人为衬托珠子的高贵，配套了高级包装，又是香薰，又是名木，美玉翡翠加羽毛，真是个美轮美奂的匣子。结果，就有个傻客人被匣子吸引，还回了珠子，留下了匣子。

在我看来，这个寓言讲的不是识不识货的问题，而是涉及中国文化中非常重要的一组概念，那就是道与术。道，并不是一定都是好的，比如魔道；术，也未必就不好，只要它合道。总的来说，目标是道，手段是术。道和术都弄反了，做人难免颠倒，所以，要小心手段异化成目标。

比如手机，本应是个工具，用来沟通联系、处理事务、提高效率，但对一些人来说，手机变成了不离不弃的目的，变成了"手机控"，手段异化成了目的。

比如开车，本应是个方便你的工具，但这个工具如果消耗的心力、物力、时间和风险远超过为你带来的方便，你又难以舍弃时，汽车从工具上升为目的，人变成了"汽车控"，手段再次异化成目的。

试问：下象棋时，吃子重要还是将军重要？会下象棋的人，肯定会毫不犹豫地说："当然是将军重要。"没错，将军，尤其是绝杀式的将军，才是我们最终要的结果。吃子，仅仅是手段。除非你能把对方都吃光，不然，对方剩下一个残士、残象，或者一个小卒，也可能让你前功尽弃，乃至反过来绝杀你。

我象棋下得不好，就是贪恋吃子的快感，因为快感，我们往往把将军这个结果性事项忽略掉，等到被对方攻破城门时，才悔之晚矣。很多新手和我一样，往往都会犯这个错误。

同样地，你上网的目的是什么呢？通常不是为了上网看一些搞笑的东西，而是为了找一个资料，获取一些信息，但一上网就管不住自己的人太多了。事实上，因为有网络的存在，大人也好，孩子也罢，人们变得越来越难以聚焦，真正能够沉下心来，一气干上几个小时、学上几个小时的人，越来越少。

比如发财，到底是道，还是术呢？阿里巴巴这家企业是个最不爱谈钱的，人家的口号是什么——让天下没有难做的生意！他没提怎么赚钱，赚多少钱，但是在提供服务的过程中，淘宝、天猫、支付宝等软件却让阿里巴巴赚了不少钱。在这里，赚钱这个普遍认为的目的反倒成了手段。

马化腾也是这样。尽管"王者荣耀"引起了很多家长的公愤，但这些家长不也在不亦乐乎地使用着QQ和微信吗？无论你怎么看，怎么想，有一个事实不能否认，腾讯一直都在做着"赋能你我，连接未来"这件事，也确实一直把让人与人之间的连接更高效、便捷当成了其目标。同阿里巴巴一样，在为实现这一目标过程中赚了点儿钱。

换句话说，关于金钱，很多人在看待目标和手段方面存在严重的错位。如果目标仅仅是赚钱，那为了这个目标，出现各种无底线的手段就不足为奇了。如果仅仅看钱，那么，所有的人都应该去学经济、金融、MBA这几个专业，世界上将不再有科学家、艺术家、思想家、诗人。

但是，企业的目的不就是赚钱吗？德鲁克不这样认为，他说，"归根结底，企业的目的是创造顾客，或者更明确地说，是创造顾客要的价值。只要你研发、设计、提供的产品有价值，价钱也合理，顾客就愿意买"。人生就是这么奇妙，想挣钱的，最后不仅没挣到钱，事也往往黄了。为什么很多优秀的创业企业最后倒下了？原因就是被资本绑架了，目标与手段颠倒了。

华为是众所周知的大平台。作为华为的创始人，任正非只持股1%稍多。但很多人不知道，这其实是被逼出来的。创业之初，任正非并没有一上来就给员工股份。一系列挫折之下，特别是无论如何也留不住技术骨干的情况下，任正非的父亲在一次聊天时告诉他：新中国成立前，很多行业都是大老板投资，请掌柜的经营；掌柜的不用出一分钱，但每年可以有四至六成的分红。所以，掌柜的都是自己给自己加压，让他休息也不肯休息。一席话惊醒梦中人，任正非马上着手做了两件事，其一就是带头剥离手中的股份，先稀释给技术骨干，然后逐步发展到人人持股；其二是无论资金多么紧张，对执意离职的员工，绝不拖欠一分钱。这两招非常管用，军心很快就稳住了。正是从那时候起，华为的"床垫文化"开始时兴起来。伤心的大厨，烧不出美味的佳肴。有怨气的员工，做不出满意的产品。世上无难事，只要股份制。华为没有把分到多少钱作为目的，看清了它的手段属性，才能把握主动。

冯仑则认为，好的企业家应该做好三件事。首先是指道，也就是告诉别人做什么事，给大家一个方向。指道不容易，因为指道很可能指错路，而且，自己还是个带队者，若是带错了队，又一条道路走到黑，最终还是难免坑了跟着他走的人。他要冒大险，担大责，提供大家需要的产品，赚取心里头想要的那份钱。赚了固然是好事，个人、团队、家人、社会，皆大欢喜。赔了的话，倾家荡产，流落街头，父母妻儿都照顾不好。其次是扛事，也就是负责任。包括为产品质量负责，为投资人的钱负责，为员工的梦想负责，等等。可以说，因为他是老大，他就必须负所有的责任。跟他与他的企业有关的任何事情，最终都可以追溯到他身上，他不想负也得负。最后是买单。当大哥永远都是买单人，单都买不起，当什么大哥？大哥负所有的责，买一切的单。哪怕公司破产了，债务也要清偿，也要一直买单到最后一分钱。没有这种兜底买单的精神，就当不了企业家。为什么现在很多创业者半路折返了？太辛苦，这活真不好干。可以说，好的企业家是一个为别人的需求去追求梦想，满足市场需求的责任承担者。一个创业者如果想要变成企业家，那就得是一个风险承担者，也必须是一个最后的兜底买单者。他永远要想着分钱，而不能想着自己拿钱。

怎么看冯仑说的都是如何付出，而不是如何索取，企业家就是要成为追求梦想、承担责任的人。孔曰成仁，孟曰取义，君子要有坚定的目标，面对仁义之熊掌，鱼就是他们的必断、必舍与必离。手段不是目的，每个人，都有他最重要的事；每个人，都有他必须做到的断舍离。找到它们，盯准它们，做到它们，忽略影响我们的其他过程，这是适合每个人的极简主义。

3. 审视生活中何为重要

我们身边似乎总有这样一些人：努力得像个学霸，得到的结果却是学渣。天道酬勤未必是放之四海而皆准的道理。

1995年的时候，我也经历了这样的过程。当时要考研，和时间赛跑，分秒必争，刷牙洗脸都嫌多余，生活两点一线，表面很刻苦，实际上脑子一团乱，行色匆匆，目光呆滞，丢三落四，看不见老师、同学、好友，不再去体育场和聚会，还总是感冒，形若僵尸。结果可想而知，并不理想，而且还出现了考试后遗症——厌学十年。

我这个集16年考试经验于一身，自认为努力得像个学霸的人，为何失利得像个学渣？由于这样的场景在之后的人生中又出现了几次，又由于当年大家不看好的学渣陆续成了生活中的学霸，我不得不反思其中的本质。

答案其实很简单，那就是经常"一本正经地犯个错误"，典型特征就是拿着放大镜甚至是显微镜看世界。如当年的考试，眼中只有升学，似乎是"要事优先"，表现得"活在当下"，也被视为"有为青年"，但结果是不但扔了专业，还装了满脑子一辈子用不上的知识，失去的是升学机会、健康的身体、同学的情谊和生活的体验。

这让我想起了孔子与丘吾子的对话。

史籍中说，孔子在前往齐国的路上，听到有人在哭，声音悲切。孔子便对驾车的人说："这哭声虽然听起来很悲哀，却不是家中有人去世的悲痛之声！"于是，他们赶着马车循声到前面，果然看到一个不寻常的人：身上挂着镰刀，系着白带，在那里失声痛哭，然而着实不是哀丧之哭。

孔子下了车，上前问道："先生，请问您是什么人呢？"

那人回答："我叫丘吾子。"

孔子问："您现在并不是服丧，为何会哭得这样悲伤呢？"

丘吾子哽咽地说："我此生有三个过失，可惜到了晚年才觉悟到，但已经是追悔莫及了。"

孔子便问："您的三个过失，可以让我听闻吗？希望您能告诉我，不要有什么隐讳啊。"

丘吾子悲痛地说："我年轻时喜欢学习，可等我到处寻师访友，周游各国回来后，我的父母已经死了，这是我的第一大过失；在壮年时，我侍奉齐国君王，然而君王骄傲奢侈，丧失民心，我未能尽到为人臣的职责，这是我的第二大过失；我生平很重视友谊，可如今朋友间却离散断绝了，这是我的第三大过失。"

稍后，丘吾子又仰天悲叹道："树欲静而风不止，子欲孝而亲不待。过去了永远不会再回来的，是年龄啊；再也不能见到的，是父母啊！就让我从此辞谢这个人世吧！"说完，丘吾子便投水自尽了！

孔子很感叹地对弟子们说："你们要牢记此事，这足以作为我们的借鉴啊！"

其实，放大镜下的世界是局部的。虽然清晰但失去了全貌，貌似要抓住一切机会，但整体效率极差。我讲时间管理课程很多年了，理解到"要事优先"的毒害性和洗脑性都是很强的。因为今天你觉得重要的，放到更长的时间上去考虑，尤其是放到一个完整的生命周期上去考虑时，重要的也会变得不重要，看似不重要的却会变得很重要。

放大镜下的世界也是匮乏的。拼命地汲取，不停地摄入，就为了应试那一刻，所以"厚积薄发"，多多益善，每一个当下都以"是不是足够多"来评价好坏，每一个当下都唯恐不能吸收得更多。殊不知，我们不停地收集、整理、标记、记忆的各种各样的资料，只是必要条件，而不是充分条件。原材料不加工、只堆积，最后只能是一个越来越大的仓库，无法生产出精彩的人生。想象一下，这好比一个人成了貔貅——一个只吃不排泄的怪物，最后的结果是便秘，毒素堆积，代谢崩溃，身体垮掉。我们不禁要反思，是不是摄入得越多，身体就越危险？

到底什么是重要的事呢？前面我们提到过，日本经营之神稻盛和夫说，"重要的事就是正确的事"，也就是"干什么事"与"怎么干这件事"是后话，前提是找到那些最为重要的事。

不妨再讲一个与"9·11"有关的故事：

举世震惊的"9·11"事件，恐怖分子撞毁了两栋大楼。这两栋楼颇有些年头了，最初由纽约州及新泽西州港务局于1962年决定兴建，地下权属于纽约州及新泽西州港务局，地上权属于当时投资的业主，但一直经营不好。后来，有一个犹太老板，此前也干过一些房地产项目，但不是太成功，他也不知道哪根筋错乱了，花巨资把经营不好的地上权买下来，一买就是99年。有人会想，这下他可亏了，因为被撞了嘛。事实却是，他被赔了很多钱，因为他在"9·11"前两个月买了一份恐怖主义保险。事情就这么有意思：大楼好好的，他根本挣不到钱；被撞了之后，反倒赚了不少钱。对此他有个解释，这大楼其实以前就被汽车炸弹炸过，闹过一两次事，所以，为保险起见，他就买了恐怖主义保险。结果买完不久就被撞，赔给他钱的时候他还不知足，说应该赔给他两次钱。为什么？因为两个楼前后差了不到半小时，倒了两次，又是两架飞机分别撞的，就应该赔两次钱。

当时舆论哗然。很多美国人都说这犹太人老奸巨猾,这犹太人是不是老奸巨猾,我们姑且不去管他,作为一个企业负责人,不得不说他做了一件"正确的事情"。这个犹太人是不是误打误撞的呢?我认为不是。就像他提到的,大楼在以前就出过类似的事件,他必定是在审视这些历史的基础上,从更长远的角度做出了买保险的决定。事实上,这个保险还很不好买。

上了年纪的人,回顾自己的一生,往往能够发现自己整体是成功还是失败,最关键的就那么几件事。一件事做对了,一个抉择做对了,命运往往就改变了。接下来的事情,它会自己带着你往前走。如果你是个企业家,是个组织的领导,你回顾公司的历史,也能看到这一点:决定所有人前途和命运的,往往就那几件事。所以,越是大领导,越是要少做事,因为"正确的事"这四个字是有深意的:什么是不正确的事?如果都是正确的,说明你的思路不正确了,正确的事越少越好,最好少到只有一件。很多人这也做,那也做,那是因为他还没找准自己的方向。有些公司这也干,那也干,那是因为它不确信哪件事是对的。

什么叫最为重要的事?以终为始看,就是远方的事情,不是眼前的苟且,不是眼下的急事。

谁都遇到过眼前的急事。如果你现在失业了,那就赶紧找份工作;如果你现在身体不舒服,那就赶紧上医院;如果你的企业没资金就垮掉,那就赶紧去想办法融资;如果你的企业没客户,那就赶紧铺市场……这些很重要,苟且一些也不是坏事,糟糕的是一直都在苟且。眼前的难关渡过了,我们要追问自己"然后呢"?最重要之所以叫最重要,就是没有然后了,就是你在做的过程中,生怕自己死掉了,而无法完成的事情。

真有这样的事情吗?当然有,我讲一个真实的案例:

李宗焜比我大14岁,台湾大学毕业后去北京大学念博士,专业是古文字学。1990年念硕士时，困扰于甲骨文到底有多少字，下决心一定要数清楚。20年过去后，终于在2009年出版《甲骨文字编》，十几万片的甲骨，字形总计46635文，单字4378字，其中可释者1682个。数清楚这个数字实属不易，要看遍全世界的甲骨拓本才能做到。再者，花20年干一件事情，对于一个当年仅30岁的人来说较为罕见，过程之煎熬是难以想象的。李宗焜提起写书的时光总说，好几次他睡着了，却因为担心自己看不到尽头而被吓醒。稿子快收尾时，他居然开始怕死了，他想要是意外死了，这20年的工夫岂不白费了？还好，李兄活得好好的，让中国古文字学术界一起看到了边，也在自己50岁之前给足了交代。

我在世界一流的制造企业工作过，当人们问为什么同样的材料你们的产品质量却更好时，我总是指着车间说，因为我们有更好的生产线，有着几千次的改造与优化，有着与众不同的加工过程，所以才会有完全不同的产品。所以，我们要把堆积的过程，变成生产的过程，我们需要一条人生生产线。也就是说，由于要生产未来的"爆品"，我们要放下放大镜，重新审视堆满身边的物品、材料、装备的价值，判定之后的断舍离则是最好的整理优化工具。而我们的生产线要好到"多一分嫌多，少一分嫌少"，为了多快好省地产出结果，极简主义的设计又是我们最好的生产优化工具。

所以说，我们首先要学会在长期的层面审视何为重要，然后再在此基础上，确定关键节点何在。以此类推，我们可以逐步抵进事物的内核，牢牢地把握住最重要的那部分，从而或顺势而为，或激流勇退，或另辟蹊径，或从容决断。

4. 不要在认知的歧途上哭泣

很多人都听说过杨朱泣歧的故事：

先秦诸子之一的杨朱，人称杨朱子，有一次他出门去访友，他的马夫把车赶到一个三岔路口的时候，问选哪一条？这是很正常的事情，杨朱却伤感地号啕大哭起来，他由眼前的择路一下子联想到了人生路。他说："你看我只是出门访友，三条路选择起来都这么困难，人生当中面临着多少个选择，人该有多难啊！"

照应我们的现实生活，我们不难发现，一个人，当他的人生定位不明确时，无论怎样都免不了迷茫，心情也会和杨朱一样。相反，那些有着明确方向的人，任何境况都不会迷惑，忙着赶路还来不及，哪有时间哭泣啊。

我们反复说，断舍离只是初级阶段。断舍离的终极目的，是照见自己，认识自我，明白什么是对自己最重要的，然后剥离一切次要的东西。极简主义呢？简单来说就是算一笔极简单但非常明确的账，一件事情是不是划算，要不要去做，本质是一种道路的选择。

企业界有一本很重要的书叫《定位》，书中描述，在人群中有一种排他性的资源叫作"心智资源"，也就是那些经由历史积累而形成的心智中相对优势的认知，它在很大程度上决定了一个人或一个企业的整体高度。当你占据了一个心智资源的时候，你要不断地去累积它，让它变成唯一，你才能如虎添翼，最终走向成功巅峰。

以企业为例，品牌是企业经营的利器，而品牌管理的核心就是极简主义。以王老吉和加多宝为例。如果没有当初削减了所有包装，只留下小红罐，如果不是把所有的特色功能都删去，只留下"怕上火……"这一句，恐怕就没有它们了。可口可乐的伟大之处不是配方，是可口可乐缔造了一个观念，深植于美国人的意识深处，即喝可乐是美国的生活方式之一。麦当劳、肯德基的产品很好吗？非但不好，还被怀疑为垃圾食品。但高度一致的服务标准和金融属性才是它们的核心竞争力。这些企业的成功都和它们不贪心，专注核心优势有着直接的关系。

老子就是一个定位高手。老子说过，少就是多。反过来说，多就是少。在现实生活中，是不乏案例的。

我有一位友人，在一家欧洲的世界500强企业工作，做到了中国公司的最高级别，然后选择自主创业。他发明了一个非常有特色的电加热材料，做了一个小而全的企业。但这种做法耗尽了他的资源，也耗尽了他的时间，一步步把他逼到了边缘。最终，他悟到了少就是多，明白了技术和材料才是自己的核心优势。为了突出这个核心优势，他把200多人的企业缩减成只有三十几个人，一改以往的研发、生产、配套、渠道和多产品、大生产模式，成为了"一不做、二不休"的企业。也就是不做成品，不修厂房，不修流水线，去厂房，去设备，去流水线，把所有的资源投放到它的研发和核心材料的优势上去，成为整个产业链上游的核心技术与核心材料供应商。这种做法非常像英特尔公司，所有的电脑都不是英特尔公司做的，但是电脑的外壳都标记了最核心的部件——Intel-Inside。于是，一个奇怪的现象发生了，大量的、生产成品的企业要与它合作。十年间经营平淡无奇的企业，突然签订了天量的订单，由于它只输出技术，所以产量几乎没有上限，很快企业就咸鱼翻身。

另外一个案例就没有那么幸运了。同样是一位我多年的友人，耗尽家财，投资几千万，研发了令日本人都称绝的汉方纯天然化妆品。但她的思路一直都围绕着如何融资，搞生产线，盖厂房，招兵买马做大企业。30年的坚持，没有给她带来财富和成功，带来的是企业濒于倒闭。尽管我敬仰她的为人，也由衷地提出了自己的建议，企业应该做减法，剪除那些分散目标的事情，而让自己成为全世界汉方中心，占领市场的心智资源。

中国功夫里面有一个绝技，叫"天下武功，唯快不破"，为什么唯快不破呢？快是一种能量，当它足够快，并聚集在一个小的面积上时，它的破坏力就越大。换句话说，天下做事也唯少不破。

太极功夫中，有一种使力的方法叫螺丝缠劲。技巧是把自己的身体像上弦一样的拧紧，把腰腿的力量通过身体接触点释放，看似轻松的搭手，本质是全身的力量集中在一个点上进行攻击，就会出现奇特的被弹射出去的效果。外行看着很神奇，内行则知道这和小朋友拿放大镜聚光焚纸是异曲同工的道理。

因影视走红的咏春拳中的"日字冲拳"和李小龙的"寸拳"，核心原理也都是两点之间直线最短，最短所以最快，所以能量最集中。

我们再举一个企业的例子——腾讯的微信。腾讯不是没有"认知障碍"，比如在3Q大战（奇虎360和腾讯的商战）前，腾讯讲"花瓣策略，即我的花朵上长出很多花瓣，每个花瓣都能干掉竞争对手"。这种思路，这种态势，使得腾讯在每个领域都不得不与当时各个领域最先进的认知交锋，自己非常困难，还搞得骂声一片。3Q大战后，腾讯的策略改为生态链服务，狂练减法，不再执迷于十八般武艺样样精通，而是练就独一门就可以的微信。微信是一个成功的案例。现在成了智能手机的标配，几乎人人都有微信。微信可以聊天，也可以支付，玩游戏，订票也不在话下，一切都觉得天经地义。但最开始的时候，它是非常简单的，甚至可以说是简陋的。微信的逻辑是越简单越好，每次只进步一点点，小步快跑，互联网人管这样的开发方式叫"迭代"。下面，我们就来看看它是怎样迭代的：

2011年1月，微信1.0版上线，只做熟人，功能只有4个：通讯录，发信息，发图片，设置名字和头像。

1.2版本才加入了黑名单功能。

2.0版本之后才加入了语音通信功能。很多人说那时的微信，很像一个按住说话的步话机。

2.1版本加入了好友验证。

2.2版本加入了查看附近的人。

3.0版本推出了摇一摇，用户直接超过1亿。

3.5版本加入了扫一扫。

4.0版本推出了朋友圈。

4.2版本，朋友圈可以回复评论了。

4.5版本推出了公众号。

5.0版本推出了红包与绑定银行卡功能。至此，微信在不知不觉间，完成了5亿用户的积累。

微信最大的特点是什么？那就是隐而不发，不憋大招。没有必要一招KO了对手，更没有必要把所有的功能做好了，再一起放出来。有效最重要。有效就是要集中在核心的功能点，一白遮百丑，单点突破，其他附加功能，都没那么重要，可以一步一步来，时机到了，就又可以提升一个核心功能点。

为什么一个小小的App，可以做成世界级的产品？我有一位在腾讯工作的朋友告诉我，"微信最大的秘诀就是压制自己的欲望！微信可以做太多的事情，但是它不能做，为了让它有生命力，它必须学会——少挣钱，甚至不挣钱！"这正应了老子的话，因为其无私而能成其私。私，就是指我们内心的欲望，断舍离和极简主义，并不是让我们清心寡欲，而是让我们的人生，能够集中力量办大事，通过一个个的小小的成功，而聚集成改变世界的力量。

回到个人，极简主义的要义就是先做一个简单但明确的人生定位，问问自己，这一生能干点儿什么？要干点儿什么？喜欢什么？要放弃什么？这一点其实很不简单。你固然可以有一个高大上的人生定位，但定位有可能真的不适合你。比如，如果天生五音不全，又没什么乐感，还要去努力成为演唱家，就很悲剧了。你是你自己的演员，你还是你自己的导演与编剧，你固然可以给自己的将来定个伟大的目标，做个完美的规划。但你必须考虑到你在其中要扮演什么角色、你不能扮演哪些角色。

个人定位的本质也是决断，要选择一个位子，就要放弃其他的位子。用孟子的话说，就是"非不能也，是不为也"。儒家讲的"一以贯之"是真正的法门。我们要找到自己的那个"一"，才能进入我们的极简主义人生。举个非常著名的例子——飞人刘翔与教练孙海平。刘翔的天赋摆在那里，毋庸置疑，但没有孙海平，刘翔的天赋基本上会被浪费，会被埋没。他本来是练跳高的，但孙海平认为，刘翔的身高决定了他在这项运动中不会登峰造极。于是要他改练跑步，但不能练普通的跑步，要结合他练过跳高的优势，改练跨栏，一边跑，一边跳。什么叫慧眼独具？这就叫慧眼独具。同时，这个例子提醒我们，极简主义未必简单，断舍离也未必一定要统统舍去，说不定你需要像刘翔这样巧妙地结合找出自己的"一"呢！

5. 找到自己稳健的内在

先来看一个老生常谈的故事：

古时候，有父子二人骑驴去赶集。一开始，父亲怕儿子累着，就让儿子骑驴，自己走路。路人见了纷纷议论："这儿子真是不孝，自己骑驴，让老爸走路。"父子俩赶紧对调了一下，路人还是议论纷纷，说这当老人的真不像话，自己骑驴，让小孩子走路。算你狠！父子俩一商量，说那我们都骑驴吧，看他们还说什么。没想到路人还是有话说——说他们虐待动物！一头小毛驴，两个人骑，还不得把驴子压死？真是没人性！父子俩只好跳下驴子，一起步行，结果还是有人说：这俩人有驴不骑，自己走路，真是傻帽儿，鉴定完毕！怎么办？父子俩一想，我们干脆抬着驴子吧……

这个故事也出自《韩非子》。故事中那对可怜的父子，之所以不知如何是好，原因在于他们没有稳定的内在，从而过于容易被他人和环境，以及现在流行的东西所影响。所谓剽悍的人生不需要解释，剽悍的人都有一颗强大的心。他们懂得，一个人首先要知道自己想要的是什么，只有那些随波逐流的人才会人云亦云，只有那些不自信的人才会动辄因为别人的几句闲话改变自己的既定方向。

美国哈佛大学校长洛厄尔先生曾经这样激励过即将毕业的学生们："遇到

挫折时，想想你的梦想。遭到质疑时，坚持你的信仰。"每个人都有信仰。有人说"我就没有信仰"，其实，没有信仰也是一种信仰。说白了，你要尊重你所信的，看清你的目标，塑造你的内在，捍卫你的内核，并且不断地审视它、直视它，让它不断的稳健起来。内核不是一成不变的，必然是随着你的年龄、阅历而不断丰富、不断修订，甚至会被颠覆。直视是痛苦的，有一些扭曲，有一些不甘，但过了这一关，才会有你真正想要的那个核心。

人生有时上升，有时下沉。人生上升的时候要讲礼貌，不端架子，多做善事，这就是"达则兼济天下"；人生下沉的时候，要沉住气，不要失去信念，这就是"穷则独善其身"。否则，就会如一网友所说，下沉的人就像一条鱼，一开口就只是泡泡，化成了一串串的省略号。我的一位二十年的老朋友，在他散尽千万家产，经历了人生重大起伏后感慨道，"人，信少则言多"。越沉越想说，总要抓住什么，总想证明什么，自恋式暴怒也时有发生，似乎是向世界的宣战，想证明自己还活着。一开口就是泡泡，是因为说的都是自己的遭遇，说多了就是省略号；相反，一开口说的是如何创造些价值，说多了就不是省略号，而是潜水艇，早晚能浮出水面。现在的他，放下自己，不问得失，四处帮大家解决问题，人生正在浮出水面。因为他做到了老子所说的，"因其无私而能成其私"。

有人说，"这太难了，多委屈自己啊。自己吃不饱，还要为他人着想，不就更没有了，日子不就更乱套了吗？"没错，孟子就很理解这样的感受，他说："天将降大任于斯人也，必先苦其心志，劳其筋骨，饿其体肤，空乏其身，行拂乱其所为。"但孟子也指出了这样做的好处，那就是"所以动心忍性，增益其所不能！"与其思前想后为什么如此悲催，不如断些念头，看看能干哪些实事儿。事实上，这也是王阳明心学的宗旨，事实上练的是心，提升的是能力，获得的是稳健的内在。

如何具体在事上练心呢？一般来说，我们之所以找不到自己的内核，失去内在的稳定性，是因为内心中被五个"敌人"占据了，它们是：

"我依赖什么？"

"我盼望什么？"

"我期待什么？"

"我痴迷什么？"

"我嗔怨什么？"

依赖、盼望、期待、痴迷、嗔怨，这是我们常人必有的五个愿望。任何一个政府、任何一个社会、任何一个机构、任何一个领袖，都在不同程度上强化、教育、灌输给你这五个愿望，希望你把它们当成需求。遗憾的是，这些强烈的愿望才会真正让我们迷失自己，因为不管是"我恨你"，还是"我爱你"，前提都不是"你"，而是"我"，没有"我"的恨和爱都是没有意义的。那些在失恋中痛苦的年轻人是看不到的，那些因为挫败而要轻生的人是看不到的。所以，挖掘内核最重要的方法就是：发现独立自主的我，发现一个没有他们也能稳定存在的我。据此，我们可以把我依赖什么、盼望什么、期待什么、痴迷什么、嗔怨什么，详细地罗列下来。然后，再一条条划掉它们，直到我们无可依赖、无可盼望、无可期待、无可痴迷、无可嗔怨，那个独立自主的"我"才会出现，才会自由。

每一个英雄的出现，都是生活把他逼到绝境，逼到不能依赖、不能盼望、不能期待、不能痴迷、不能嗔怨时。而我们的内核，就是去除这五个愿望后，还能够存在的是什么。

著名电影《当幸福来敲门》获得了2007年奥斯卡最佳男主角提名，威尔·史密斯扮演的克里斯·加德纳是个真实存在的美国知名黑人投资家。这部电影我看过两次。第一次没耐心看完，因为当时人生一路高歌，完全不能理解主人公的坎坷，直到人生困顿，一路下滑时，再看电影，才明白这不是个普通的励志电影。中国人看这部电影时，很难理解加德纳为什么不求人。谁没有个家人、朋友、同事？寻求帮助不难啊！但加德纳先生就是不依赖、不嗔怨，当苦尽甜来的一刹那，加德纳热泪盈眶时，我的认知发生了地震，这才是人生困顿时应有的态度。

不想剧透太多，只给大家讲一个他上幼儿园的儿子讲给加德纳的一个笑话。小朋友一边赶路一边气喘吁吁地说："一个人落水了，快要淹死了，第一条船来救他，他说不需要，因为上帝会来救我。第二艘船来救他，他说不需要，因为上帝会来救我。结果他淹死了。来见上帝的时候，他说，我那么相信你，你为什么不来救我呢？上帝说，我派了两条船去救你，你不要啊，笨蛋！"人们在寄希望于他人、家庭、社会、政府的时候，却忽略了真正的机会往往就在你身边。

著名作家、哲学家、客观主义哲学流派创立者安兰德，曾经定义过什么叫爱。那就是"我爱你们，但跟你们无关，我只是做我自己""我不要为别人而活，也不要别人为我而活"，她提出，"一个真正自由的人，有三个特点，无所求，无所待，无所靠"。今天，我们适当发挥一下，便是我们提到的人们必须找到的五个内核——无所依，无所盼，无所待，无所迷，无所怨。正如电影《肖申克的救赎》中的主人公安迪，飞来横祸，被冤入狱，却不迷失于眼前的困境，他是被抓进监狱后唯一一个没在第一天晚上哭泣的人。同样，把外在的东西去掉，我们才能找到沉静的入口，才能在纷繁的世界中，寻求一丝安宁。

6. 来到生命的最后一天

刚刚我们讨论过找到内核并直视内核的重要性。如果一个人正在为买什么手机发愁，或是正在为丢了心爱的玩具哭泣，想来他才不会关心这样的问题。人生就像炒股，凡是处在小波段的，只能看到小波段的，这人生的段位都不会太高。

"人生三万六千天，不及僧家半日闲。"这诗是传说中出了家的顺治皇帝作的。人生三万六千天不算短，黄袍加身，三宫六院，居然都抵不上"半日闲"。就算我们觉得顺治这账算得不值，顺治才不会听你我的，因为，这半日闲是他找到的内核。

极简主义倡导人生宝贵，创造价值。那什么有价值呢？这必须就整个人生来思考。

你认为对王勃来说最有价值的事情是什么？其实就是写了一首诗、一篇序，也就是《送杜少府之任蜀州》和《滕王阁序》。

你认为对李白来说最有价值的事情又是什么呢？不可能是李白喜欢的寻仙，亦或是自比姜太公出山经世治用，而是成为诗仙。

你认为王莽是好人还是坏人呢？白居易说得好，"王莽谦恭未篡时，向使当初身便死，一生真伪复谁知？"很多事，不到结尾，无法盖棺论定。只有放在一生这个大棋盘中，才知它的核心价值。

看见一生这个大棋盘，也才能看清眼前的烦恼是什么。

古时有人问一个游方僧："天气好热，咱们到哪儿去避避暑气呢？"游方僧说："到炉子里避避吧！"小孩子也知道，炉子里不仅不凉快，而且还会烫伤。因此，那人奇怪地问："炉子里怎么能避得了热？"游方僧说："想着炉子，你就什么烦恼也没有了！"

这个故事旨在告诉世人，什么是烦恼，什么又是痛苦。简单来说，"烦恼"泛指那些不如意的小事，虽然切切实实地影响着人们的心情和生活，比如天气热、待遇低、情侣吵嘴、孩子贪玩、屋子乱七八糟等，但从本质上看是无关紧要的。而"炉子"，泛指那些身体及心理上的大苦楚，比如罹患重病、生离死别、遭受巨大打击等。人生中，各种炉子是跑不掉的，就算运气好跑掉了，最终闭眼时还是进炉子。所以，想着炉子，你就什么烦恼也没有了。

林清玄说得好，历尽沧海，你才会发现，当年觉得过不去的大河，也就是一条小溪而已。大河真的难过吗？日子真的难过吗？未必。难过的是心里关。周国平也曾以宋代著名词人、政治家辛弃疾的一首小词为切入点，谈到这个问题，他说："年少之时，我们往往无病呻吟，夸大自己的痛苦，甚至夸耀自己的痛苦。究其原因，大约有二。其一，是对人生的无知，没有经历过大痛苦，就把一点儿小烦恼当成了大痛苦。其二，是虚荣心，在青年身上尤其突出，把痛苦当作装饰和品位，显示自己的与众不同。只是到了真正饱经沧桑之后，我们才明白，人生的小烦恼是不值得说的，大痛苦又是不可说的。我们把痛苦当作人生本质的一个组成部分接受下来，带着它继续生活。如果一定要说，我们就说点别的，比如天气。辛弃疾词云：却道天凉好个秋——这个结尾意味深长，是不可说之说，是辛酸的幽默。"

越是将至终点，才能越清晰。我们再来看一个西方故事：

有一个失意的年轻人，接连好几天去一家酒吧喝闷酒。酒吧老板看出了什么，找了个机会走上前去，小心问道："小伙子，你遇到什么烦心事了吗？说说看，或许我能帮你。"年轻人淡淡地扫了他一眼："我的问题太多了，没有人能帮我解决。"

老板没有退却，进一步解释说："我十几岁就出门打天下，年轻时也有过你这种感觉。后来有一位高人指点过我，明天，如果可以的话，我带你去一个地方，他曾带我去过那儿，到那里能解决你所有的烦恼。"年轻人疑惑着点了点头。第二天，他们如约出发。年轻人做梦也没想到，老板竟把他带进了一座墓地。

老板指着一座还摆着花圈的新坟，感慨地说："躺在这里面是没有任何问题的。不管你的问题有多少，也不管你有多么不幸，只要能活下去，你就是幸运的。"年轻人豁然开朗。

网上有位老同志写下《不到九十九，谁也不许走》的打油诗，我节选给各位：

"青丝已去，白发染头！回首人生之路，一腔热血东流。有的还没退休，就被上帝接走；有的退休不久，又躺医院床头；我等非常幸运，仍在到处晃悠！你是大官，讲究安全着陆；你是小官，别想名利双收；你是教师，别靠补课创收；你是作家，别瞎熬那灯油；你是工人，把'勤俭'二字记住；你是农民，那就任风雨飘流。无论你官民穷富，都要感恩知足，快乐地向前走。

"事事量力而行，别听他人忽悠。殊不知：家家有本难念的经，人人都有难言的愁。经济宽裕的没几人，大多数都是穷朋友。莫跟人比、不寻别扭；多点宽容、少点需求。只要有个好身体，就要快乐向前走。

"现今的我们：失去了青春的激情，淡化了中年的劲头。经历了人间不平事，喝尽了尘世红白酒。展示了你我的善与美，藏起了自己的苦与愁。上奉养父母尽孝,下操劳子女纷扰。我们扪心无愧,要快乐地向前走。

"我的同学、我的战友、我的亲朋、我的伴偶,自然规律要看透,早走迟走都得走。多想一些开心事,莫为生计去发愁。凭借一个好身体,多吃一口是一口。没钱转转周边景,有钱来个环球游。爱画的尽情画,照猫画虎也很优。爱唱的放声吼,人人夸你嗓门秀。爱跳舞的使劲扭,切记莫把地踩漏!夕阳路上,快乐向前。不留遗憾,不留后手。活一个寿比南山松不老!乐一个天长地久常聚首!不到九十九,谁也不许走!"

人们总是局限在如何超脱人生烦恼。是的,那些还有能力去酒吧买醉的人,没料到生活还有火炉伺候,还会有大难临头。监狱中悔恨的没几人,认为老天不公的大有人在。

一般只到人生尽头,才悔恨不已,忘记了很多重要的人与事,忘记了善待自己。中国人虽然不习惯写墓志铭,但有清明扫墓的风俗。所以,清明节时可以去墓地看看,尝试给自己来一个假设的盖棺论定,把悔之晚矣,变成亡羊补牢未为晚也,在这个过程中尝试挖挖自己的内核。

我们希望所有读者长命百岁。所以,大家可以在乐观的基础上,去看看别人的最后一天,看看别人的墓志铭。很多慰藉临终老人的义工,发现自己最大的收获,是因为看到了很多人的最后一天,对自己的人生有了深刻的洞见,轻重缓急,大事小事,不再执迷,也减少了困惑。

7. 越有限，越聚焦

说到聚焦，前提是设定限制，越不设限，越不聚焦。"俏江南"是个很好的反面典型。

用"俏江南"的一位管理人员的话说，"这么多年了，我们不得不一遍又一遍地跟顾客解释——我们是川菜！"说实话，如果不是因为大S当年过于出名，而张兰又栽得太惨，再加上王思聪那句"哭昏在厕所"，大家兴许连"俏江南"是干什么的都不清楚。你说它是卖服装的，也没什么不可以。"俏江南"这三个字很好，但是它不设限，所以不聚焦，就得一遍遍解释。这还在其次，它在战略经营上也不设限，前期扩张得那么快，管理跟得上吗？服务跟得上吗？资金跟得上吗？跑马圈地固然美，快马加鞭心情爽，但走马观花、二马一虎，绝对不行。

人也是如此。往往越是才华横溢的人，越是干不成事，原因就在这里。而有些人口中的"傻瓜"却能有所成就，道理也在这里。因为他是"傻瓜"，他就会那么一点儿本事，也只能干好这一点本事，给自己设定了很多的限制，反而聚焦了，聚焦又帮助他走得更远。反过来说，老天爷是公正的，给了你聪明的头脑，就要拿走你的聚焦能力。如果有天赋的人也能聚焦的话，成就肯定会相应更大。所以，老天不会让太多有天赋的人知道这一点。

什么叫聚焦？怎么样才能聚焦？就是要给自己清晰的目标，并设定限制。聚焦的能力是一个人是否善于抓主要矛盾的能力，是透过现象看本质的能力，是在帷幄之中掌控全局的能力。

在华为，有所谓"力出一孔，利出一孔"的说法。其出处在春秋时期的大名人管仲那里，管仲在《管子·国蓄第七十三》中提到，"利出于一孔者，其国无敌；出二孔者，其兵不诎；出三孔者，不可以举兵；出四孔者，其国必亡"；战国时期，商鞅在《商君书》也提出过"利出一孔"的思想。这已经是"力出一孔"的升级版了，这个唯一的孔道，就是"农战"。除此之外的商业、娱乐等事项，尽在禁除之列。用现在的话说，商鞅搞了一场史无前例的断舍离和极简主义，所有的动作都直接为扫平天下这个大目标服务，聚焦于将秦国上上下下打造成了"农战"体制，全民皆兵。邓小平同志说得实在，主义都是手段，哪个更能集中力量办大事，在考虑长远利益的同时，最大限度减少当前利益的损害，要用事实来证明。今天我们论的不是国策，而是规划我们自己。

当然，具体到士兵与将帅，焦点又各有不同。如果你是士兵，请不要总说没有功劳也有苦劳。在无比现实的职场，苦劳一分钱不值。苦劳只是态度，不产生价值。每一个岗位都是花了很大代价才创造出来的，你坐在那里，就应该产生相应的价值。创造不了，只能说，这个人没价值。没价值的人的本质问题是没有把自己限制在功劳上，而是发散到苦劳上了。如果你是主帅，就更要限制自己。例如，任正非最初创业时，他是身兼多职；发展到一定阶段时，他是大半个思想家加小半个事务主义者的综合体；现在，他是一个"四肢萎缩、头脑发达"的企业领袖。这样设限就是不让自己指手画脚，否则下面的人会无所适从，他只需要抓主要矛盾。

我们做人，最大的悲哀或许就是人生太有限，时光太匆匆，画布刚刚展开，还没画上几笔，就不得不被迫留白。很多大事业，往往需要几代人才能奠定。时间越有限，就越需要我们聚焦。四处开弓射箭，但没有一个抵达靶心，抵达了也是其势不能穿鲁缟，射来何用？要么不开弓，开弓就要洞穿靶心，开弓就要一箭定天下。

所以，光对准靶心射箭还不够，你还得练就开硬弓的硬实力。硬实力何来？成功学中有个"一万个小时定律"，大意是说，一个人想成为某一方面的人才或专家，至少要持续不断地投入一万个小时。按每天8小时计算，至少需要不间断地修炼5~10年时间，绝无例外。想在某方面技术过硬吗？先拿出一万个小时来再说。

有句谚语说，"不要同时追逐两只兔子"。围棋大师吴清源曾手书条幅"不搏二兔"给聂卫平先生，委婉地批评他精力过于分散。美国经济学家哈伯特说过，对一艘盲目航行的船来说，所有的风都是逆风。现代人也常说，目标太多等于没有目标。一个人不仅要有目标，还要专注于自己的目标。因为人的精力有限，试图鱼与熊掌兼得，到最后往往是鱼与熊掌皆不可得。所以，每个人不仅应该知道自己应该做什么，也必须明白自己不应该做什么。有句俗话：三百六十行，行行出状元。经常听到一些人说："你这人怎么哪壶不开提哪壶？"其实他们应该反过来想想：你有哪壶水是开的？你哪一壶都不开，让人怎么提？事实就是这样：越不聚焦，越焦虑，越敏感，越烦躁。太阳普照大地，点不燃地上的柴禾；透镜只把区区一小束阳光聚集到一点，即使是寒冬，也能把它点燃。与其百事平平，不如一事精通。我们要拿回我们的注意力，用最大的聚焦，去争取最大力度的爆发与突破。

8. 让幸福来敲门

不管是断舍离还是极简主义，追求的都是特殊的人生体验。不管什么方法，如果让你体验不好，你都会弃之如敝屣，多看一眼的愿望都没有。

那什么是人生体验？

是快乐吗？但也许这样的乐，过去得太快了，留下的只有回忆；

是痛快吗？但这样的体验太痛了，有些反人性，有些让人不情愿；

是成功吗？但什么是成功呢，理解起来比人生体验还困难。

如果以上都不是，那体验的到底是什么？我想大多数人希望体验到的，本质就是"幸福"两字。时下有个词叫"本自幸福"，意思是说我们每个人本来就是富足而幸福的。

如何才能体验到幸福呢？我们可以把"幸福的人"当作一种人设，把幸福人生当成"产品"来设计。就如产品成功了，而你就是幸福产品的主人，就会体验到幸福，就有再活一次的愿望。如果产品失败了，体验就不好，就想换另一种产品，就有再也不能这样活的感慨。只可惜人生这个产品无法重购，只能努力做到一次就设计好。

我们尝试用产品设计的模式，来设计我们的幸福人生。如果体验是冰山上的一角,冰山下有更深的层次,幸福这个产品体验来自三个层次:底层是存在层,中层是能力层,浅层是资源层。

首先,从浅层资源层谈起。

幸福的第一秘诀就是:你已经拥有了你想要的一切。

马上有人反驳:这是睁眼说瞎话!我想要的别墅、豪车、游艇呢?前面说过,极简主义会走向终极问题,那个没有然后的问题。所以,你有了想要的别墅、豪车、游艇——然后呢?然后,就是穷得只剩下钱!因为在现实生活中很多有钱人的生活依然是不幸福的。

在古代,物质匮乏叫作"贫"。事业上、学问上、人生道路中困顿,才叫"穷"。所以,有这样一种说法:

爱财,没有财的才叫"穷人";

不爱财,也没财的叫"闲人";

爱财,有财的叫"富人";

不爱财,却有财的叫"贵人"。

想要而不得,为穷。所以,贫困者虽生活拮据,但能保持精神通达,也不算穷人;富人虽家财万贯,但精神困顿,也不会有幸福感,反而感到"穷得就剩下钱了"。

我的一个朋友曾经讲过一个段子:

在一次有很多高净值人士参与的聚会上,朋友侃侃而谈:"以前我做文化,我的所有同行都反复嚷嚷——我们得有钱!后来我做金融,我的所有同行都反复嚷嚷——我们得有点文化!"当时在场的人都笑了,朋友之后解释道:"大家以为是个笑话,其实我们所有人都在有意无意地追求着精神与物质的平衡。有钱人为什么喜欢附庸风雅?我想这不是简单的一种行为,是真的缺失,是真的向往文化!这是好事。"

在过去的几十年里，我们在生活条件逐步改善的同时，都或多或少地受到了一些伪认知的影响，那就是通过各种品牌和物质财物来抬升自我的幸福指数，甚至把自我价值的实现与收入达到几位数直接关联。从改革开放初期的"穿皮鞋的高抬脚，戴手表的摸耳朵，系皮带的扭着腰"，到现在用车子、房子、奢侈品来展示自己的地位与品位。大众总是在用一些肤浅的认知来确定一个人是"成功"还是"失败"，进而采取相应的态度。但实践是检验真理的唯一标准，幸福指数不但没有提升，反而大幅下降。媒体满大街地问人幸福吗？回答的人幸福溢于言表，观看的人嗤之以鼻。

如何在这样一个环境中自处？除了把自我价值与身价、财富剥离开来，审视极简主义的终极问题，我们才能发现那个物质包裹以外的自我，才会发现那个真我究竟需要什么，不需要什么。

美国好莱坞影星利奥·罗斯顿说过："你的身体很庞大，但你的生命需要的仅仅是一颗心。"这位影星离世于1936年，可以说是胖死的，确切地说是因为肥胖引发了一系列疾病，最终医治无效去世。在最高峰，他的体重达到385磅，腰围6.2英尺。想想看，每天带着这一大堆脂肪生活，得有多累？在临终前，他说出了那句话，他所在的医院（汤普森急救中心）的医务人员们深有感触，事后专门把这句话刻在了医院的大楼上。还别说，这话后来救了美国石油大亨默尔。1983年，此君也因心肌衰竭住进了汤普森急救中心。为了不影响工作，他干脆包下了急救中心的一层楼，增设了5部电话和两部传真机。但一个月后，他出院后做的第一件事就是卖掉公司，颐养天年。人们百思不得其解，后来从他的传记中找到了答案。他在里面写道："富裕和肥胖没什么两样，也不过是获得超过自己需要的东西罢了。"显然，默尔这是彻悟了罗斯顿的话。

多余的脂肪只会压迫人的心脏，超过自己的需要的东西也是人生的负担。我们固然应该跟那些肥肉断舍离，但一旦我们不能在减肥的同时减欲，减肥都会进入误区,去看看那些减肥减到疯狂、减到不胜风雨、减到厌食症的人即知。要记住,我们断舍离,断的、舍的、离的都应该有一个基本前提,那就是舍弃多余的、有害的、不对的、增加生命负累的。世间万物,存乎一心,最怕的就是太过。

我们花了太多的时间思考我们没有什么,也许到了花一点儿时间思考我们还有什么了。只要还有人——亲人、爱人、孩子、友人;只要还有情——亲情、友情、人情;只要还有义、还有理、还有可以信的,你就会发现:你想要的其实都在身边了。

其次,谈谈能力层。

先讲一个故事,某日乘飞机出差,比较好的安排应该是这样的:

前一天:

安排好接送的车子,和司机确认时间。

天气预报显示,"明天下午雷雨大风",还好习惯订早上的航班,给全天留下调整的时间。

没有专门收拾行李,选了最小的登机箱,箱子里有分类的袋子,前几日闲暇时不经意地收拾着,只是按袋子类别往里放东西而已,在晚饭后把行李放在了大门口。

晚间,随手值机了靠窗的座位,并把航班信息发给家里人。

安慰年幼的女儿,明早出发得早,给不了拥抱了,要过几天才能看到爸爸,答应带礼物给她。

22:00,练习腹式呼吸打坐。

22:30,安然入睡。

第二日:

5:00,起床。

5:30,整理好自己。

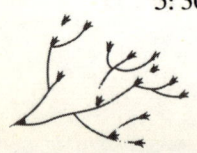

6:00，吃早餐，顺便还给自己磨杯咖啡，为家人煮了鸡蛋。

6:20，检查物品，伸（身份证）手（手机）要（钥匙）钱（钱包），出发。

7:30，到达机场，在自助机上打印登机牌。

8:00，安检后到达登机口，吃个自备的水果和小点心，拿出电脑写写文章，悠然自得地等待9:00登机。

然而实际结果可能是这样的：

前一天：

平时习惯能晚点走就晚点走，所以订的是晚上的飞机，但天气预报显示明天下午雷雨大风，感觉飞机恐怕要晚点，急忙退改签，抢到了一张机票，连连感慨自己有先见之明。

把收拾行李放到最后一刻，但为找一个箱子和袋子，动员全家寻找，最后还是用自己超常的记忆找到了箱子。

打开箱子一看，居然放满了杂物，匆忙拿出来，放到地板上。开始找衣服、找袜子、找资料、找电脑、找插线，效率很高，样样难不倒，但一小时过去，家里变成了战场，大家彼此抱怨着，空中弥散着焦虑的味道。虽然没收拾完，但故作淡定，尽快打扫战场，催促还要上学的孩子早睡，并满不在乎地说"明天早上收拾，也来得及"。

躺下后，看着时间已经23点了，习惯性地拿出手机，闲逛许久，直到过了凌晨才睡。

第二日：

5:00，闹表响了，决定再睡会儿。

5:30，闹表又响了，决定再睡五分钟。

6:00，司机打电话，已经到了，提醒准时出发，这才惊醒过来，行李还没收拾完！

6:30，一团混乱过后，出发时，还在上幼儿园的女儿很不高兴爸爸突然出差，抱住爸爸不撒手，结果用了好几个方法连哄带劝才让她松了手。

6:45，出发了，路上发现少拿了证件。

7:00，急忙返回后，以百米冲刺的速度，跑到家里取东西。

7:30，由于早高峰，堵在机场高速上，还提醒司机不着急，不要慌张。

8:30，到达机场，但自助机已经停止打印登机牌，幸亏有经验，直接跑到头等舱柜台，利用公关能力，在截止时间前拿到了登机牌。

8:40，直接走安检的快速通道，但因电子设备未及时取出，在检测设备上重走了两遍。

8:50，第二个百米冲刺，到达登机口时，已经开始登机，自我感觉运气还不错。

起飞前，突然想起忘记带投影连接器，急忙通知会议方准备连接线和备用电脑，很周到的样子，然后在空乘人员的催促下，关闭了手机。突然发现两天下来，自己解决突发事情的能力提高了。

显然，第二种场景确实要一些能力才能应对，比如先见之明、App 抢票、记忆力、快速行动、旺盛的精力、会哄小孩了、百米冲刺、公关能力、了解登机程序、应对突发问题，等等。然而在第一个场景中，不要这些能力也能达到结果，所以，这些能力被称为过剩能力。

过剩能力现象很普遍，例如，我们上学时学的 90% 的内容都是用不到的；例如，由于改变职业方向，之前的能力就用不到了。一位友人也总结了自己的过剩能力包括：

招投标技巧、办公设备使用、组装电脑与重装系统、软件下载、汽车销售、农村营销、战略规划、流程优化、MFR 管理系统、KPI 与平衡积分卡、官产学研合作、国际技术库、生产线优化、非线性编辑、会计、养老服务、康复训练、直播平台、领导力训练、组建协会、开停企业、国际合作……

之前还得意扬扬于艺多不压身，现在看却是能力冗余，培养这些能力都需要精力，导致阻碍了核心能力的增长，于是样样都会，样样稀松。

为什么会能力过剩呢？一部分原因是所处环境变化导致的，但主要原因是当事人缺乏最底层的存在认知，角色不清，进而缺乏目标导致的。

你是谁？你因何而存在？你想要什么？你能提供什么？这些关键问题会指导我们要积累哪些能力。如果你因教书育人而存在，就要在传道、授业、解惑上积累能力；如果你因环保公益而存在，就要在传播理念、整合资源和寻找资金上下功夫；如果你因创业创新而存在，就要在产业整合、技术开发和工艺创新上发展差异。可见能力层是围绕着存在层展开的。

毛泽东在解放战争初期就已经明确提出，红色政权存在需要的能力是农村包围城市、武装夺取政权、团结一切可以团结的力量。这些能力的组合就是能力圈，如何建设能力圈呢？关键方法是：有所不为而有所为。

我们要学会问自己两个问题：

第一，有哪些能力是不需要的，会成为过剩的能力？

第二，有哪些能力是必需的，会让我们释放存在？

有一个很有趣的案例，就是《三国演义》中著名桥段"隆中对"，看看诸葛亮是如何为刘备分析天下格局的：

"曹操势不及袁绍，而竟能克绍者，非惟天时，抑亦人谋也。今操已拥百万之众，挟天子以令诸侯，此诚不可与争锋。孙权据有江东，已历三世，国险而民附，此可用为援而不可图也。荆州北据汉、沔，利尽南海，东连吴会，西通巴、蜀，此用武之地，非其主不能守；是殆天所以资将军，将军岂有意乎？益州险塞，沃野千里，天府之国，高祖因之以成帝业；今刘璋暗弱，民殷国富，而不知存恤，智能之士，思得明君。将军既帝室之胄，信义著于四海，总揽英雄，思贤如渴,若跨有荆、益,保其岩阻,西和诸戎,南抚彝、越,外结孙权,内修政理;待天下有变,则命一上将将荆州之兵以向宛、洛,将军身率益州之众以出秦川,百姓有不箪食壶浆以迎将军者乎?诚如是,则大业可成,汉室可兴矣。此亮所以为将军谋者也。惟将军图之。"言罢,命童子取出画一轴,挂于中堂,指谓玄德曰:"此西川五十四州之图也。将军欲成霸业,北让曹操占天时,南让孙权占地利,将军可占人和。先取荆州为家,后即取西川建基业,以成鼎足之势,然后可图中原也。"

诸葛先生没有先告诉刘备能做什么,而是先说不能做什么,第一不能和曹操争锋,第二不能图谋孙权;然后才说能做什么,就是去巴蜀之地,因为主公在那里才有存在感。刘备的存在层很清晰,他在能力圈需要积累三个核心能力:声望、群众基础、即战力。想要得到天下霸主的光辉形象,就先积累能力,时机到了,再逐鹿中原吧。

能力是怎么来的呢?一是学习来的,二是事上练出来的,核心是事上练出来的。所以,一切你做的事情都会积累你的能力。所以,为了避免能力过剩,就要慎重挑选事情,这就是孟子所说的"是不为也,非不能也"的含义。

我认识一位很有能力的女性朋友,面对很多的机会和诱惑,她都果断地拒绝了。一开始我还以为她缺少冒险的勇气,有一次谈及这些机会的时候,她解释道:"你知道我为什么拒绝吗?根本原因是那不是我想要的,我要是接了,就会改变我认可的生活(存在)方式。"后来,通过更多的事例,我逐渐认识到,她是一个存在层和能力圈高度统一的人,这也就不难理解她为何能在一个专业领域中得到普遍认同的原因了。

最后,谈谈存在层。

存在是能力的指南针,能力是我们期望以什么角色存在的基础。

我们经常说刷"存在感"。不难发现,伟大的人都非常有存在感,如孙中

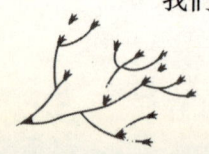

山、乔布斯、李白、季羡林等，但如果你和他们近距离打交道，就会觉得头痛得要死，感觉问题太大了。但喜爱他们的人，认同的是他们的存在，甚至可以容忍他们的缺陷，正如杜甫说李白，"世人皆欲杀，吾意独怜才！"

存在是什么？存在是一种关系。

我们爱一个人，是爱他的存在方式；我们恨一个人，也是恨他的存在方式。比如荷西对作家三毛说：我是个没有大理想的人，只想有一个小房子，每天我的爱人能为我煮饭。于是，三毛对荷西说：I Do！因为三毛看到了自己的存在；同样的一番话，我的朋友对他的女友如法炮制，结果是女友的妈妈爸爸马上给未来的女婿减了100分。所以，我们认同彼此的存在方式，我们互相吸引；我们不认同彼此的存在方式，我们就相互排斥。我们了解一个人，就要了解他是如何存在于这个世界的，是否认同他的存在人设，并站在他的立场上，接纳他的优点与瑕疵，帮助他，爱护他。所以，真正地爱一个人，不仅是支持他，更是要成就他，所以，爱他就成就他吧！

存在，还是一种特殊的三角关系。

佛陀问一个僧人：你认为你的身体是你的吗？

僧人回答：是啊，身体是我的一部分。

佛陀又说：如果一样东西是你的，那你就应该能够根据自己的意愿来改变它，当你的身体病了，你能说让病好就好了吗？如果你长得不好看，你能马上让自己变好看吗？

僧人回答：不能。

佛陀说：身体既然不受你的控制，那就不是你的一部分。

佛陀究竟讲得合不合理，我们不去深究它，重要的是，他讲的不是一个语法问题，而是一个哲学问题，即"你以为我是我吗？"我不是我啊！我和我的身体是不一样的！

于是，我与世界的二元关系，变成了我、自己和世界的三角关系。

笛卡尔说"我思故我在"。这太玄妙，我和自己是统一的，但很多人和我体会到的却是"我和自己是经常彼此背叛的"：

我想深夜看电影，但自己却已经疲惫不堪；

我想早起，但自己却按掉已经响了三次的闹钟；

我想努力写作，但自己却困意绵绵；

我想玩游戏，但自己却提醒父母要保护眼睛；

我想说走就走，但自己却摸摸空空的口袋；

我想为我错误的事情道歉，但自己却一动不动，一副傲慢；

我认为我是炒股天才，但自己却头脑发热，难以冷静；

我想来个漂亮的鹞子翻身，但自己却摔个四脚朝天。

总之，我们在朋友圈刷存在感，刷的不是"我"，而是"自己"！所以，我与我不同，既对立又统一。

了解了三角关系后，我们又如何设计更好的存在呢？为了更好地刷存在感，需要我们回答这两个问题：

第一，我为什么需要"我"？我能通过"我"得到什么？我为什么会依赖我？

第二，世界为什么需要"我"？这个世界通过"我"能得到什么？他们为什么会依赖我？

这两个问题，也可以理解成是一个问题：我存在的理由是什么？或我存在的价值是什么？即这个世界需要我和自己提供什么？

玄奘法师所译佛教核心经典《心经》开篇说，"观自在菩萨行深般若波罗蜜多时"，这个"观自在"，就有"看自己在不在"的意思。我就是这个自己了，但自己在哪里呢？

在两个地方，我的物质身体、我的角色和这个角色提供的价值。

我和世界需要自己提供的第一样，就是"物质身体"。

几年前，人到中年了，身体在长期的消耗下，陆续出了很多小状况。在"我以为我是我"的混沌中，继续消耗着透支的身体——每天平均不到五个小时的睡眠，生活没有规律，暴饮暴食，体重超标，大腹便便，还逢人就夸自己身体是如何如何禁得住折腾。内心实则有隐隐的不安，于是决定去锻炼，先测试下身体的极限，参加"玄奘之旅"的徒步活动，重走当年玄奘走过的位于甘肃境内的110公里荒漠。这段路当年玄奘走了三次才走过去，前两次都因为恐惧又退回到出发点，最后是抱着牺牲的觉悟才走过去的。为此，我准备了大量的户外装备，在北京奥林匹克公园训练自己。临出发前的一个月，活动需要我到医院做一个"平板测试"检查，却很意外地没能通过。因为在平板测试前要测量血压，一个七年自信得没有体检的人，发现自己的血压已经高得离谱：高压200，低压145。我笑称血压仪肯定坏了，医生冷冷地说："这是我们最贵的血压仪了。它没问题，是你有问题。"还是不信。拉个小伙子测测机器是不是坏了，结果人家血压是90/60，我的低压比他的高压还高。

医生说："你做不了平板测试，更去不了什么之旅，就您这身体赶紧用药吧，你随时有中风和血栓的可能。"一个不相信"我不是自己"的人，怎么能接受这个事实呢？坚决不看病，不吃药，认为是突发性高血压，无视身体已经麻木到没反应的程度，请了一周的假，在家认真地调理身体，放松身心，一周后再测量，居然毫无起色，三期高血压是定型了。在一位医疗行业友人的督促下，我最终走进了体检中心，才发现我还真不了解我自己的身体，很多指标显示都到了疾病的边缘。原来满面红光是假象，是"三高"憋出来的。即便是事实，你会发现"自己"还是不情愿接受的。挣扎了几天后，才决定痛定思痛，改变习惯，善待自己。为了不药物依赖，降低BMI体脂率，减重是硬条件。

看来要"断舍离"一下自己的脂肪了,于是不再自负,认真学习,开始改变。但如何做呢?真是要感恩人生,正在困扰之时,幸运地遇到一位从事医疗健康工作二十年的故交,成为"我"的健康顾问,开始善待"自己"。

第一步,下载健康管理 App 到手机上,测量每日摄入热量,坚决不超标;

第二步,极为重视早餐,改变恶劣的"一四五"式的饮食习惯,即早餐吃一份量,午餐吃四份量,晚餐吃五份量的增肥模式,调整到"四四二"的健康模式,即早餐吃四份量,午餐吃四份量,晚餐吃二份量;

第三步,增强脂代谢,每日禁糖,早餐增加蛋白质和脂肪摄入,减少碳水化合物。

于是,在没有少吃,甚至是每天早上大鱼大肉的饮食中,两个月后体重从 80 公斤降到了 66 公斤,血压也降到了正常值。

每个人都需要自己的健康。爱你的人也需要你的健康,你的工作伙伴也需要你的健康,世界也需要你的健康。所以,我不是我自己,我为"我"也为"世界",都要善待"自己"。

我和世界需要自己提供的第二样是"我的角色",以及这个角色提供的价值。

要做到这两点,我们要明白自己能存在,不是你厉害,而是世界需要你,依赖你。

真正有存在感的人,都能清醒认识到这一点。如:

我能为长辈提供什么?

我能为子女提供什么?

我能为爱人提供什么?

我能为朋友提供什么?

我能为企业提供什么?

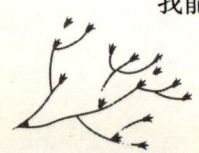

我能为社会提供什么？

我能为家乡提供什么？

我能为世界提供什么？

我能为我提供什么？

存在是一种关系，各取所需，各安所在，生命就继续下去了。

如果你出现时——

他们乐了、笑了、心安了，感觉世界亮了，说话的语调都轻快了；

他们对自己有了信心，感觉到衰老都不是衰老，困难都不是困难了；

他们被安慰、被安抚，他们觉得有归属感，而最终他们觉得自己存在了。

这时的你，也获得了一种意外收获，即"幸福感"。

每个人都期望有这样的家人与朋友，那真是人生的幸运。如果没有，就把自己培养成这样的人，让身边的人幸运，而最终你也变成幸福的幸运儿。

世界上没有完美的产品，所以，也不会有完美的人生，更不会有完美的关系，就看你要不要设计出生活与工作中的需要性与依赖感。到这里，幸福的秘密也已经被我们悄悄地找到，我试图描述下这个秘密，于是借用并改写了我们这代人年少时背诵过的一段话：

"当他回首往事的时候，他不会因为虚度年华而悔恨，也不会因为碌碌无为而羞耻；这样，在临死的时候，他就能够说：'我的整个生命和全部精力都已经献给世界上最壮丽的事业——为世界的需要而奋斗。'"

第五章 极简主义练习

民族主義與華僑

知道不如做到，不能笔下虽有千言，胸中实无一策。所以，在最后一章为大家提供极简主义者的六个练习。

六个练习以"韵律"为节奏，以更高维的"存在"为核心，以"当下"为基础，以内部"能量"为起点，以外部"价值"为目标，在轻松与愉快中让生命有所进步。

任何好的练习，都有一种特殊的韵律，缺少韵律的冥想，练习都是于事无补，甚至有害。如果活动不是有规律的，能量不但不能积累，反而会损失掉。

这种韵律周而复始，如四季循环。每次循环看似一种简单的重复，实际每次都会有所提升，只是这种提升难以觉察，只有在一个大的周期，如4~6周之后，才会体验到确实与众不同的成果。

人都有内外两重障碍，外在的障碍通过生活的韵律破除，内在的障碍通过特殊的专注、放松而破除。

练习分为三个层次，六个步骤，每个步骤需要一周的时间，整体阶段需要6周，约合一个半月，一年的循环次数为8次，一年之后达到怎样的喜悦、专注、温暖与放松可以和身边人分享。

练习的三个层次为：内观、心愈、合一。

第一层，内观练习，旨在打开感知通道，打破范式，包括——

练习一：感知当下；

练习二：跳出范式。

第二层，心愈练习，旨在内心平静，管理情绪，包括——

练习三：沉静内心；

练习四：善于发现。

第三层，合一练习，旨在让内在连接世界，成为极简主义的践行者，包括——

练习五：价值选择；

练习六：英雄之旅。

本练习非本人发明创造，而是融合了儒家知止练习、全人学、禅修而成，简单有效，与柯维博士的八个习惯如出一辙。

内观层

1. 第一个练习：感知当下

时间：每次 5 分钟以上，坚持一周。

说明：用这短短的时间停止思考任何困扰你的事情，包括工作、社会关系、亲密关系、活动、计划、事物、朋友、家族，等等。

在这个看似很短的时间里，你必须释放你的身心，让其自由一下，清空你熟悉的耳语和日常的碎碎念，而让自己回归原始，处于一种不强制的，也不聪明的状态，甚至是没有任何目的，没有任何想法的状态。

在身心的深处放置一个"物的思考"。这种思考就如烟花的引信，使自身的能量活跃起来，你可以把它作为精神活动的热身。只不过人们熟悉的是体育锻炼的热身，而很少是精神热身而已。

热身的要点是，"不要选择任何伟大的人物、空洞的或抽象的事情，或让自己热血澎湃的事物，甚至不能是任何让你感兴趣的人和事"。因为这些都会带跑你，而不是跟着你跑，扰乱自己能量的流动。

所以，思考一根曲别针胜过思考拿破仑。

要提醒大家的是，这是个见微知著的练习。每个人要挑选适合自己的，也

不必执着,少年王阳明"格竹",死盯着竹子七天,最后直接病倒也没有收获。所以5分钟就好,借物思考,把物当作药引子,别把物当成目标。

练习带给我们的结果是专注力和放松度,好处是经过每天的练习,你将在内在出现一种越来越稳固的安全感。经过一个月的练习,我们的思考会变得沉静,不再凌乱,也更加可控。

练习的方法:

(1)找一个不重要的,甚至是没有意义的自然实物,比如树叶、树枝、石子、矿物、针、纸等,越无趣越好,越简单越好;

(2)观察它,触摸它,闻一闻它的味道,听一听它的声音,让自己专注于它;

(3)把它当成世界的中心,开始思考和它有关的事情,注意不是思考和你有关的事情,专注而放松,中间不要被打断;

(4)直到感觉到一丝安全感和稳定感,即可结束;

(5)结束时,采用腹式呼吸,把如上的感觉导入自己的头部和脊椎,就像把电脑内容存在硬盘里一样。

2. 第二个练习：跳出范式

时间：每次时间自行决定，坚持一周。

说明：第一个练习有体验后，第二个练习就可以加进来了。请注意这里是增加而不是替换，第一个练习要坚持下去。

我们是习惯的动物，想要跳出认知的范式，知行合一是最好的办法。方法就是，"做一件你一定不会做的事情，而且是一件需要每天都要做的事情"，用"行"带动"知"的升级，用不可能发生在自己身上的小事情，通过付诸行动，让我们的认知打开新的大门。

做法还是从无关紧要的事情开始。比如，每天在一个固定的时间给一盆花浇水，当坚持一段时间后，还可以增加关联的有效动作，比如浇完水后擦擦叶子或打开窗子通通风等，只要动作之间是和谐一致的就行。

练习带给我们的结果是主动力，是全新的驾驭生活的喜悦感，再加上第一个练习带来的敏锐的专注力与放松度，我们会找到一种体验叫"源动力"，这是唤醒身心行动的动力，是内在的力量。

练习的方法：

（1）确定一件从来都不会做的小事情；

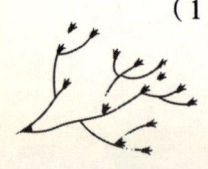

（2）坚持每天的践行；

（3）给这个小事情增加第二个动作；

（4）给这个小事情增加第三个、第四个动作；

（5）感受这种行动的内在动力，采用腹式呼吸，把这种动力注入体内，从两眉之间对应的大脑中间开始，向下流淌到心脏旁的膻中穴。

心愈层

3. 第三个练习：沉静内心

时间：每天 30 分钟以上，坚持一周。

说明：无论是他乡遇故知、金榜题名时，还是玉石俱焚、生无可恋，人生就像波浪，起起落落，何必为一时得胜、为意外收获欢呼雀跃，又为怀才不遇失望、失落而跌入谷底？要发展出一种泰然处之的心理状态，坚定而不为所动，达到泰山崩于前而色不改，麋鹿行于左而目不瞬的境界。我们沉静，才能不让任何的喜悦夺了我们的自制，才能不让任何的悲伤令我们跌入深渊，才能不让熟悉的念头导致愤怒和烦恼，才能不让不实的期盼引发焦虑和恐惧，才能不让不堪的境遇令我们仓皇失措。失去沉静，我们将失去理性，活得平乏无味，怨天尤人。

坚持做这个练习，你会逐渐发现，过往的经历将化为更为纯净的品质，所有的历练将成为人生的奖励，我们不需要任何鸡汤，也不需要大师的激励，我们自会发现内心的沉静，犹如纪昌修行到的不射之射，终有一天，我们体内积淀的沉静会越来越多，多到从胸腹中溢出，变得显而易见，值得自己和他人依靠。

练习的方法：

（1）准备好卡纸、彩笔，坐下来，放松，腹式呼吸，回想一段甜美的旋律，脑中浮现让你平静的色彩，并把它描绘下来。避免用细笔画，用涂色笔或湿水彩画就更好了，然后写下一段鼓励自己的话，署名即完成。

每天做一张，并随身携带，最后形成自己的"小心前方高能"的活页夹。

收集自己喜欢的，又能让自己放松的音乐，每天专心听一两首，要闭目用心听，而不是做事情时放背景音乐。

（2）晚间做消除被迫感练习：

写下今天让自己感觉很被迫的事情 A；

写下如果选择不去做事情 A，会得到什么结果 B；

写下如果是结果 B，会导致什么事情 C 发生；

写下你是否愿意选择 C；

写下在 A/B/C 三个选择中，你的选择是什么；

写下你是否希望尝试下 B 或 C，为什么？

（3）做泰然处之的练习：

【消除痛苦】

写下自己烦恼甚至是痛苦的感受；

写下导致烦恼与痛苦的事情是怎样的；

写下你能确定的 100% 真实的是什么；

写下自己的念头；

写下这些想法带给自己的感受；

写下去掉念头后，会给你带来什么不同。

【消除亢奋】

写下自己亢奋的感受；

写下导致亢奋的事情是怎样的；

写下你能确定的 100% 真实的是什么；

写下自己的念头；

写下这些想法带给自己的感受；

写下去掉念头后，会给你带来什么不同。

（4）结束的方法：

感受练习带来的沉静感，并把这种感觉有意识地放入心中，采用腹式呼吸，让它从心脏流入丹田（肚脐下三指对应的腹腔中位置），让它有逐渐被填满的感觉。

4. 第四个练习：善于发现

时间：随时练习，坚持一周。

说明：负面情绪很难消灭，但可以暂停，就如灰尘很难消灭，但可以常常擦拭。

负面情绪往往来自我们对生活环境的挑剔与不满，我们身上的挑剔与不满也与环境对我们的挑剔与不满关联。我们从小接受的教育就是非黑即白的二元论，如果心智没有觉醒，一种从自身出发的判断如影随形——世界不是对的，就是错的；不是真理，就是谬误；不是高尚，就是低俗；所有的一切都要站好队，验明正身才能安心，正如我的女儿总要问我电影里的人是好人还是坏人一样。

这个练习培养我们正向的心态，我不希望用"积极"这个词来描述这种心态，因为即便是消极，也有消极的好处。心理学家们发现，消极和我们的理智是有联系的。所以，我用"正向"来定义这种心态。这种心态就是对所有过往的经历、今天的存在的认同，并在其中寻找高品质的内容。

高品质就是真与善，请注意练习的名称为何叫"善于"：因为只有善，才能增加我们真正的优势。

有一个关于耶稣的故事：

有一天，当耶稣与门徒一起散步时，看到一只狗死在路边，已经腐烂，所有的门徒见状，纷纷躲在一边，只有耶稣一动不动地打量着狗，说道：它有一副多么美的牙齿啊！其他人看到的仅仅是令人不快的恶心，耶稣却在寻找美好。

还有一则甘地的故事：

甘地的朋友来恳求他，能不能劝说自己的孩子停止吃糖，因为朋友已经无计可施，跟孩子说了很多遍，孩子还是继续吃。甘地说，我可以帮助你，但是要等三个月。三个月以后，甘地对这个孩子说，停止吃糖，结果这个孩子就再也不吃糖了。朋友问，为什么等了三个月才说？你又是怎么做到的。甘地说，很简单，我自己先在三个月内尝试停止吃糖。

过多的批评与攻击，会阻碍我们的认知升级。一门心思、急切地盼望进展，也会关上修行的大门。这个练习旨在将我们调整到一个特殊的状态，有意识地转向一种新的体验。逐渐你会发现，自己的每个毛孔都打开了。人体打开后，周围环境的精微巧妙，自然就会融入进来。当我们和周围融合在一起的时候，就会有一种莫名的喜悦沁入心扉。

这种天人合一的亲密感觉，是你体验到自我超越的感觉。我们将成为环境的一部分，而环境也将成为我们的一部分。这个练习需要很大的专注力，要用前三个练习夯实基础再进行。

总之，要创造你内在的平静，从你的心出发，经由你的眼睛，带给外面的世界。

练习的方法：

（1）打扫负面：有意识提醒自己，每一句话都要对人对己有意义和有益，包括：

停止传播八卦，不再制造负面垃圾；

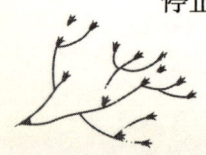

一些公开就会导致不利的话，不说出口；

从此，只说真话、善话、有用的话。

（2）脱离"痛苦"，培养"善于"的练习：

第一步"认"——首先，完全接受自己的性格、认知、处境、状态，要知道接受了不安，我们才能安静下来；其次，完全接受他人的性格、认知、处境、状态，不要试图改变任何人，因为你只能改变你自己。

第二步"在"——接受当下，临在如是：

从一个完全看不到好的物品上，找到独特的地方；

从一个完全不喜欢的人身上，发现一个优点；

从一个很反感的事情上，找到一个好处；

每一刻都成为最好的一刻，就会走向开悟。

第三步"平"——把意识持续放在当下，不评价、不对抗，保持底层中立的状态，这就是"善于"的状态。

（3）结束的方法：

将"善于"的状态沉浸入心，采用腹式呼吸，从心脏位置向上流动到眼部，感觉能量从眼睛向外漫出，漫过身前和周围的空间。

合一层

5. 第五个练习：价值优先

时间：随时可以开始，有时需要有意识终止。

说明：这个练习是在强化一种外在与内在的连接。

没有单纯的内在，那是一种思维；没有单纯的外在，那是行尸走肉。有时内在的价值决定了外在的表现，有时外在的行动反射了内在的意识。人体过于复杂，我们所知道的只是表意识，而表意识层面只是冰山的一角，潜意识的体积远远大于表意识。于是，我们总是困扰于"我是谁""我要去哪里"这些深层内在的思考。内在与外在既是连接的，也是互为镜子的。内在的我通过人与事得以确认，然后又影响到了外在的人与事。人与物的连接练习在前面已经铺垫了基础，现在进行到复杂的人与人、人与环境，通过内在、外在相互照镜子，找到核心价值取向。

核心价值是断舍离的根，更是极简主义要到达的地方。

练习的要点是，对于所有事情的感受都要回到"最初的体验"，我们的诸多第一次是令人难忘的，但是现在却熟视无睹，毫无感觉。所以，我们需要努力发展出一种感受，即以完全新的、开放的心态去面对每一个人与物，简单来说就是"全新接受",这是一种婴儿般的状态——好奇、尝试与体验。

我们对熟悉的全新接受,对不熟悉的甚至难以置信的也能"全新接受"时,修炼者不再封闭,而是开始相信,这种相信不是盲信,而是有方向的相信,它不是基于自己的经验与知识,而是为未来留下了可能。

练习这种状态,你会发现一种特殊的感受悄然进入内心,就如一个沉寂的时空变得活跃,开始流动。如果练习四更多的是让你体验到空间的话,练习五将引领你进入时间的体验。

要实现精微的体验,练习者要做出100%的努力。专注当下自己所在的每一丝一毫的变化,并感受变化的流动,让这种流动有意识地走过"眼耳鼻舌身意",用"色声香味触法",感受流动所包含的"温暖感"。这是一种"有"的状态,我们不追求《心经》里所说的"无"的状态。但这种"有"的状态非常微弱,需要很高的放松度与专注度。

练习的方法:

(1)练习外在连接:

第一步:"感"——在所做的事情里面,尤其是此刻的事情,找到轻松喜悦的感觉。

第二步:"观"——关注你正在干什么,而不是通过它来获得什么。

第三步:"察"——脱离当局者眼界,上升维度,采用上帝视角来观察,将注意力放到事物的本质上。

(2)练习内在连接:

想出两位在你生命中真正影响过你的人,思考并写下他们影响了你哪些特质;

想出两件在你生命中真正影响过你的事情,思考并写下它们影响了你哪些特质;

想出两位你真正影响过的人，思考并写下与他们相处过程中，你表现出了哪些特质；

想出两位你真正影响过的事情，思考并写下在互动的过程中，你表现出了哪些特质；

写下如果人生只剩下三天，如果不想留下遗憾，你想做什么，你必须完成的任务是什么；

写下自己的墓志铭，并不断迭代修改；

写下什么标准能帮助你确定事物的价值，并思考有没有更高维度的标准帮助你确定价值；

写下今天所做的事情里，哪些是有价值的，哪些是没有价值的。

（3）精微精进：

安静下来、放松、深呼吸，开始思考每一件事的第一次，以及细节和感受；

让这种感受在身体里停留一些时间；

用这种感受开始体验当下的世界；

逐渐打开每一个感官，感觉世界的变化；

找到世界包含的"温暖感"。

（4）结束的方式：

将找到的"温暖感"，采用腹式呼吸，从四肢流动到脊椎，从脊椎上升到大脑，然后"存储"在那里。

6. 第六个练习：英雄之旅

时间：自行确定，量力而为。

说明：书要写完的前一周，我做梦梦到自己62岁时会离世，看了一下日历，那是2035年，离今天还有16年。慨叹一声"还好"，16年后女儿已长大成人。同时告诉自己，从现在开始好好活，免得16年后有遗憾。正是，路漫漫兮其修远，走到尽头有点儿短。吾将上下而求索，没有焦点玩不转。

为聚焦而做减法，和自己有个约定，把所有不创造价值的都逐渐去除掉，让自己放下包袱，轻装前进。经常行走的人知道，出差就带一个箱子即够生活一段时间了，可见真正需要的东西并不多，而过多的事物反而会妨碍你的行动。

人生各有不同，但目标本质都是一个——获得终极自由。所以，要出发的人，除了要放下一些事物，更重要的是要放下束缚你的东西——索取者心态。因为所有索取者都是自我的奴隶，奴隶的锁链是：求、等、靠、要。

阿兰德提出了自由三步曲：

第一步，不做奴隶。

对他人有所求、有所盼、等待恩惠的时候，你已经是奴隶了。这位美联储主席格林斯潘的精神导师说，"我只会与那些从来不期待任何额外恩惠的人做生意，只有这样的人才能合作，所有那些暗中期待有额外恩惠的人，都是精神上的穷人和懦夫。在通常场景下，你是看不出这种人格缺陷的，但在关键时候，他们那种有所求、有所待、有所靠的性格底色显现出来了，性格底层的软弱也就显现了出来，这种软弱是致命的"。

第二步，做自己。

如阿兰德自己所说，"我爱你们，但跟你们无关，我只是做我自己"，这种精神上的独立与平等，我想借用《简爱》中的经典对白来诠释：

"你以为我穷、低微、不美、矮小，就没有灵魂没有心吗？你想错了，我的灵魂跟你的一样，我的心也跟你的完全一样。要是上帝赐予我财富与美貌，我一定让你难以离开我，就像我现在难以离开你一样。我现在与你说话，是我的精神与你的精神说话，就像两个人都经历了坟墓，我们站在上帝的脚前是平等的，因为我们是平等的。"

第三步，让自己成为某种使命的奴隶，依附于一个远比自己大的力量，去担当一种巨大的使命。

找到自己存在的意义，即找到使命召唤，即从索取者修炼到给予者，因为我们天生是索取者，只有使命出现的时候，你才能有机会成为给予者，而给予者才能获得真正的自由！有了方向就会有取舍的标准，极简主义者是在无序的事物中，挑选合适的服务于长远目标。正如《魔戒》中被选中的冒险者，《西游记》中被选中的师徒四人。真正走在路上的人，是不能带太多东西的。所以，你需要给人生打包，放下束缚，走上英雄之旅。

第六个练习将打开一段奇妙的旅程，以前的种种不满会悄悄地消失，代替它的是一种和谐的体验。这不是一种封闭的状态，相反，这是一种为了更多的人成长而努力的状态，这时的你无论身姿、谈吐甚至笔迹，都将发生变化。这不是一个利用道德来利己的练习，不是那种"舍得舍得，不舍不得"的练习，不是因为要让大家觉得你好，你才做个好人的练习。

这是一个诚实地对待自己的练习。因为修行者，不是为了得到认可和赞扬才去践行的，是因为只有真的、善的元素，才是点滴进步的原动力。

练习的方法：

（1）人生打包练习：

假设你要离开地球，去往未知的火星，每人只能有不超过250件物品，你会携带什么？

请每天确定几件，一个月内完成此步骤。

假设现在限定每人只能携带两个大箱子的物品，你会在这250件物品中选择哪些？

（2）轻装上路练习：

思考所有"拿不走的"，能帮助到什么，放在哪里，给谁才更有价值；

思考所有"新添加的"，能帮助到什么，放在哪里，给谁才更有价值；

写下给予的过程，感受温暖的力量，记录储存的细节；

体验给予者的快乐，观察被给予者的反应，体验给予者的"精神"获得。

（3）放下束缚练习：

准备好纸与笔；

写下你求人帮忙的事情；

写下你不得不依靠的人或事；

写下你在等待的人或事；

写下你对他人的要求；

写下你觉得他人应该做好的事；

然后一条一条划掉你刚才写的东西，默念"人不求人品自高"；

最后，把纸焚烧掉。

（4）自由身心练习：

思考这辈子没白活的标准是什么；

思考这个世界期待我去做什么；

思考曾经的或现在正在感受到的"使命召唤"是什么；

思考让你虽九死其犹未悔的任务是什么。

（5）英雄之旅练习：

写下未来最大的挑战是什么，即自己的阈值是什么；

写下需要学什么和向谁学习；

写下未来最不幸可能是什么状况，可能导致失败的磨难是什么；

写下为了坚持走到终点，不会累倒在半路，就必须放下的是什么，可以放下的是什么。

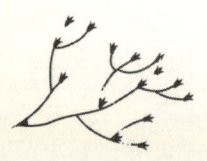

后记 做一个愚不可及的自己

人生严格来说是没有意义的，如果一定要有意义的话，我相信梁漱溟先生的人生向上，"人生的意义就在于他会用心思去创造……人类的创造表现在其生活上、文化上的不断进步"。儒家的修炼，不是为了舒服地活着，而是不断的把自己放置于难的境地，推动自己不断精进。所以梁先生说，"奋勇之后，更加艰难"。

至于人生，不管怎么活着，都拦不下结账走人的大结局。所以，人应有些勇气，敢于攀上不断向上的阶梯。贪图享乐是人的天性，但人类文明的发展恰恰不是因为眼前的享乐，而是完全因为一些不切实际的需求，比如信仰、迷信、哲学或八卦，正是这些不切实际的追求，构成了区别于其他动物的特性——人性。于是有了社群、社会、国家、企业等飘忽在空中的"实体"，可见人类对意义的追求既是痛点，也是刚需。正如《浮士德》的诗：

> 在我的胸中，住着两个心
>
> 这一个想从那一个挣脱
>
> 一个心在粗鄙的爱欲中
>
> 以固执的器，附着于世界
>
> 另一个则努力超尘脱俗
>
> 一心想攀登列祖列宗的崇高之境

本人是个理工男，除了写 E-mail，生活中很少动笔写文章，只是到了 2018 年，突然迸发出一种使命感，想要写点儿什么，于是便有了《从断舍离到极简主义》这本书。写书的动力，就是因为我觉得干这件事于人于己有一种莫名的价值和意义。只不过才疏学浅，表达出来的不及想说的十分之一。还好，极简主义不是鸡汤派的光说不练，而是行动派的知行合一。所以，自我感觉写的最好的部分是最后的六个练习。

不过惭愧地讲，在极简主义的道路上，我成长的空间还很大，做的没有讲的好，搞不好还要在"认知的歧途上哭泣"，但我还是要坚持走极简主义的道路，践行知行合一的要求。

想一同走这条路的朋友，请注意，需要先给自己打一剂预防针。因为，但凡要走这条路的人，需要一点愚不可及的精神。

愚不可及是《论语》公冶长篇中孔子对宁武子的评价。原文是，子曰："宁武子，邦有道，则知；邦无道，则愚。其知可及也，其愚不可及也。"靳大成老师的解释是，孔子说宁武子这个人，邦国政治正常时，他显出了聪明智慧；邦国政治混乱时，他就变得愚笨。他的这种聪明，别人也能做到，他的这种愚笨，别人可就做不到了。

有道的时候，做个推手；无道的时候，用愚笨减缓下滑。这是大智慧。可以说，孔子评价宁武子愚不可及是相当高的评价，和今天人们对愚不可及的理解大相径庭。

本书中很多案例都是"愚不可及"的故事。如果你喜欢金庸的《射雕英雄传》，你就会知道，里面有个郭靖就是个愚不可及的人，要说黄蓉可比她这老公聪明多了，但郭靖的不聪明，才让自己成了绝世高手。

本书截稿的时候，正是电影《流浪地球》热映的时候，46 亿票房爆出中国科幻电影的一匹黑马。看过电影的人，知道原著作者刘慈欣就想说一句话：

后记 做一个愚不可及的自己

"抱有希望就是最有意义的事情。"而电影中人类每次决策都可以说是愚不可及,连超级人工智能最后都要吐槽人类是多么不现实,但就是每次人类的愚不可及才让人类最后拥有了希望。

其实,《流浪地球》的导演也是个愚不可及的人,自中学起就立志要拍科幻电影。还好五十多岁了,终于有了机会。只拍了一部,就一步登天,愚不可及的功夫可以和郭靖有一比了。

是时候为愚不可及拨乱反正了。与其学聪明,不如学愚笨。因为极简主义道路就是自由之路,是自己与自己签下的契约,需要一点愚不可及的精神才能到达终点。

感谢大家关注本书,为了同路的朋友们,我写一首打油诗以作纪念。让我们在读万卷书、行千里路和阅人无数的修行中,一起成长。

《同学一起》

为学日益,为道日损

学研智慧,三位一体

读书万卷,足下千里

择而极简,英飒其旅

四方追远,同人一起

邀才易数,合断志举

请关注本书微信公众号:含非的极简主义

E-mail:hanfei2073@163.com